CONSTITUIÇÃO DA LIBERDADE

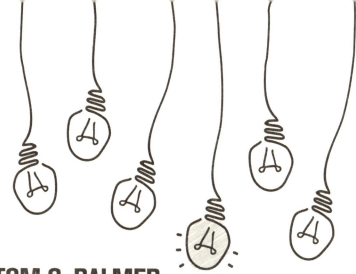

TOM G. PALMER
CONSTITUIÇÃO DA LIBERDADE
Um tratado sobre Direitos e Deveres

TRADUÇÃO: MATHEUS PACINI

FARO EDITORIAL

COPYRIGHT © SELF-CONTROL OR STATE CONTROL? YOU DECIDE
COPYRIGHT © TOM G. PALMER, 2016
COPYRIGHT © FARO EDITORIAL, 2020

Todos os direitos reservados.
Nenhuma parte deste livro pode ser reproduzida sob quaisquer meios existentes sem autorização por escrito do editor.

Diretor editorial PEDRO ALMEIDA
Coordenação editorial CARLA SACRATO
Preparação TUCA FARIA
Revisão BARBARA PARENTE
Capa OSMANE GARCIA FILHO
Projeto gráfico e diagramação CRISTIANE SAAVEDRA | CS EDIÇÕES

Projeto desenvolvido pela Faro Editorial em parceria com Instituto Atlantos e Atlas Network.

Dados Internacionais de Catalogação na Publicação (CIP)
Angélica Ilacqua CRB-8/7057

Palmer, Tom G., 1956-
    Constituição da liberdade : um tratado sobre direitos e deveres / Tom G. Palmer ; tradução de Matheus Pacini. -- São Paulo : Faro Editorial, 2020.
   208 p.

    ISBN 978-85-9581-113-3
    TÍTULO ORIGINAL: SELF-CONTROL OR STATE CONTROL

    1.1. Ciências sociais 2. Liberalismo - Estados Unidos 3. Estados Unidos - Política e governo 4. Manifestos políticos - Estados Unidos I. Título II. Pacini, Matheus

20-1048   CDD 323.44

Índice para catálogo sistemático:
1. Liberalismo 323.44

1ª edição brasileira: 2020
Direitos de edição em língua portuguesa, para o Brasil, adquiridos por FARO EDITORIAL

Avenida Andrômeda, 885 – Sala 310
Alphaville – Barueri – SP – Brasil
CEP: 06473-000 – Tel.: +55 11 4208-0868
www.faroeditorial.com.br

SUMÁRIO

A GRANDE ESCOLHA — 13
POR TOM G. PALMER
  Responsabilidade e liberdade
  Liberdade e respeito pela lei
  Liberdade ou permissividade?

**COMO A QUÍMICA CEREBRAL EXPLICA A
LIBERDADE HUMANA E NOS AJUDA A REALIZÁ-LA** — 26
POR JOHN TIERNEY
  Rabanetes, chocolate e glicose
  Formação de caráter
  A sociedade livre e seus amigos

**VIDA NO ESTADO DE BEM-ESTAR: COMO O
ASSISTENCIALISMO IMPACTA SEUS BENEFICIÁRIOS** — 48
POR LISA CONYERS
  Uma breve história do Estado de Bem-Estar
  Como o Estado de bem-estar funciona
  Custos de saúde dos programas de assistência
  O conflito entre emprego e assistência
  Trabalho e felicidade

**A IRRACIONALIDADE DO CONSUMIDOR
JUSTIFICA A GUERRA CONTRA AS DROGAS?** — 65
POR JEFFREY MIRON
  O debate sobre a guerra contra as drogas
  A proibição é uma política desejável?
  Conclusão

RESPONSABILIDADE E O MEIO AMBIENTE — 77
POR LYNNE KIESLING
  Introdução
  O que são direitos de propriedade?
  Por que os direitos de propriedade
    alinham incentivos econômicos e ambientais?
  Política ambiental baseada na propriedade em ação
  Conclusão

A PRIMEIRA PESSOA DO SINGULAR: LITERATURA E RESISTÊNCIA INDIVIDUAL — 87
POR SARAH SKWIRE

REGRAS E ORDEM SEM O ESTADO — 94
POR PHILIP BOOTH E STEPHEN DAVIES

Regras estatais ou instituições de mercado?
Planejamento sem planejadores governamentais:
   habitação e desenvolvimento
Regulação sem reguladores governamentais:sistema bancário e financeiro
Instituições de regramento nos mercados financeiros
Conclusão

O ESTADO DE BEM-ESTAR SOCIAL E A EROSÃO DA RESPONSABILIDADE   116

Por Nima Sanandaji

A preocupação de Roosevelt
Consequências não intencionais
O norte luterano
Estados de bem-estar social dependem de normas
Quem veio primeiro: o ovo ou a galinha?
A teoria do Estado de bem-estar social autodestrutivo
Normas mudam lentamente, ao longo de gerações
Até as normas do assistencialismo nórdico seguem a previsão de Roosevelt
Políticas nórdicas buscam reverter a erosão das normas
Em direção a um novo contrato assistencialista?
O colapso das normas em um Estado de bem-estar rico em petróleo
Uma classe de socialmente pobres
Existe assistencialismo exagerado?
Um meio para sair ou cair na pobreza?
Roosevelt e Reagan estavam certos

O INDIVÍDUO INDEPENDENTE NA SOCIEDADE E COMUNIDADE   142

Por Tom G. Palmer

O mito do indivíduo puramente racional
A liberdade e responsabilidade individuais são culturalmente específicas?
Dimensões históricas da liberdade e responsabilidade individuais
Contingência histórica
Individualidade e individualismo político e moral
Origens do individualismo liberal
Conclusão

REFLEXÃO FILOSÓFICA SOBRE A LIBERDADE E A RESPONSABILIDADE   169

Por Tom G. Palmer

Níveis de liberdade e responsabilidade
Pode existir responsabilidade moral sem liberdade?
Liberdade e responsabilidade na sociedade
Existe liberdade em um mundo de causa e efeito?
Responsabilidade para com os outros
Responsabilidade por resultados
Liberdade empírica *versus* liberdade verdadeira e autêntica
Da "liberdade elevada" ao "eu coletivo"

MELHORANDO O SEU PRÓPRIO AUTOCONTROLE   201

Por Tom G. Palmer

SOBRE O EDITOR: TOM G. PALMER   206

Este livro é teórico e prático. Ele pode ajudá-lo a viver uma vida mais feliz, ser uma pessoa melhor e desfrutar dos benefícios da liberdade e responsabilidade. O autocontrole é a alternativa ao Estado babá, ao Estado proibicionista e ao Estado de bem-estar social.

Entrelaçando estudos de caso com *insights* científicos, históricos e filosóficos, aqui está um manual para pessoas livres que querem viver em sociedades livres, pacíficas, cooperativas, prósperas e justas.

"Este importante livro está na tradição da *Teoria dos Sentimentos Morais* de Adam Smith, em que o autocontrole é necessário a serviço de processos descentralizados de melhoria socioeconômica humana. O controle estatal não pode nunca substituir o autocontrole sem destruir a liberdade e tudo o que é humano, tanto na sociedade quanto na economia."

— **VERNON L. SMITH**, Prêmio Nobel de Economia de 2002, George L. Argyros, professor titular de Finanças e Economia, professor de Economia e Direito na Universidade Chapman

"Cada ensaio é uma pequena joia por si só. Em conjunto, o livro é uma rica fonte de *insights* sobre a visão liberal clássica do que é possível se apenas recuperarmos o que cedemos tão facilmente ao Estado."

— **DOUGLAS H. GINSBURG**, juiz, Tribunal de Apelações dos EUA no Distrito de Colúmbia

"Este livro é um guia incrível sobre como você e eu podemos evoluir para a liberdade em miniensaios que vão desde a psicologia pessoal até a regulamentação bancária. A palavra 'responsabilidade' em seu sentido moderno de 'autocontrole ético' surgiu na língua inglesa por volta de 1800. Não é por acaso que 1800 também foi quando se materializou 'o plano liberal de liberdade, igualdade e justiça', como Adam Smith havia proposto, contra os antigos regulamentos feudais. Ainda hoje, um novo feudalismo está crescendo.

O controle estatal está reinventando o comando dos nobres. Chega! É hora de assumir a responsabilidade pessoal. É hora de crescer."

— **DEIRDRE MCCLOSKEY**, professora emérita de Economia, História, Inglês e Comunicação na Universidade de Illinois em Chicago, autora de *Bourgeois Equality: How Ideas, Not Capitalism or Institutions, Enriched the World* (2016)

"A vida é repleta de escolhas difíceis. É preciso coragem para assumir a responsabilidade por sua própria vida e trilhar seu próprio caminho. No entanto, essa também é a melhor maneira de garantir um futuro bem-sucedido e uma sociedade próspera e saudável. Se eu fosse um jovem que busca uma vida produtiva e gratificante, compraria uma cópia deste livro e o estudaria cuidadosamente."

— **JOHN MACKEY**, cofundador e CEO da rede de supermercados Whole Foods

"O novo livro de Tom Palmer integra magistralmente as ciências da vida humana, oferecendo o conhecimento de como cuidar de nós mesmos, nossas famílias e comunidades sem usar coerção. Se mais pessoas soubessem o que este pequeno livro explica, o mundo seria mais livre, próspero, justo e feliz."

— **PETER GOETTLER**, presidente e CEO do Cato Institute

PREFÁCIO

"De Máximo: o domínio de si mesmo e o não deixar-se arrastar por nada; o bom humor em todas as circunstâncias e, especialmente, nas enfermidades; a moderação de caráter, doce e, ao mesmo tempo, grave; a execução, sem teimar, das tarefas propostas." [1]

– MARCO AURÉLIO
MEDITAÇÕES

QUEM SOU EU? O QUE É LIBERDADE E COMO POSSO *alcançá-la? O que é uma boa vida e como posso vir a tê-la? Como viver a vida de uma pessoa livre e responsável? Como me relaciono com os outros? Como eu deveria me comportar? Como deveria esperar que os outros se comportassem? Pelo que sou responsável, e pelo que não sou? Algumas pessoas deveriam usar a força para controlar as outras? Como funciona o controle estatal e quais são seus efeitos? O que é autocontrole, quais são seus custos e benefícios, e como alcançá-lo?*

Essas perguntas são muito comuns entre os jovens, mas não são importantes apenas na juventude, e sim em todas as fases da vida.

E é disso que trata este livro. Essas perguntas não devem interessar apenas a professores de ética ou metafísica, mas a todo ser pensante. São perguntas para você, leitor. Além do mais, para entender liberdade e responsabilidade, não basta alguma estreita especialização intelectual; uma reflexão séria sobre elas deve valer-se de lições da economia, da história, da psicologia, da neurociência, da sociologia, da arte, da espiritualidade e muito mais. Este livro traz análises multidisciplinares.

As ideias contidas neste livro podem ajudá-lo a levar uma vida mais feliz – a ser um amigo, colega de trabalho, aluno, parente, cidadão, pensador ou empresário melhor. Em suma: uma pessoa melhor. Você pode conquistar uma vida de liberdade. Liberdade não é sinônimo de irresponsabilidade ou falta de foco, e sim de responsabilidade. Compreender ambas é um desafio, um ato digno de um ser humano.

Liberdade e responsabilidade ajudam a criar e fortalecer sociedades livres. Entender que vivemos livremente juntos, não isolados, mas em sociedades e comunidades, é fundamental para a liberdade. Isso significa que nossa liberdade é respeitada na medida em que respeitamos a liberdade dos outros. Aceitamos a responsabilidade de respeitar o direito dos outros. Viver livremente é viver respeitando os próprios direitos e os dos outros. Viver livremente significa ser responsável por suas próprias escolhas, e não se submeter passivamente ao controle do Estado.

Este livro não traz verdades secretas que, compreendidas num instante, resolverão todos os seus problemas. Na verdade, conquistar uma vida de autocontrole, liberdade e responsabilidade exige esforço, mas está ao nosso alcance. Esse esforço pode ser hercúleo, mas não é preciso que seja; a questão é adquirir lentamente hábitos de responsabilidade. Diversos capítulos mostram não só os benefícios de melhorar o autocontrole e dicas úteis para alcançá-lo, mas também direcionam para outras obras que o guiarão no caminho da liberdade e responsabilidade.

Resolver problemas sociais exige esforço; no entanto, uma coordenação efetiva de esforços requer liberdade e é, de modo geral, prejudicada – e não favorecida – pela força. Vários capítulos explicam a história do autocontrole e de como sociedades de indivíduos livres e responsáveis resolveram e resolvem problemas complexos; e como, por meio da liberdade, podemos alcançar paz e prosperidade.

Cada capítulo pode ser lido de forma independente e em qualquer ordem, pois nenhum capítulo requer a leitura prévia de outro. Você pode também ler só alguns capítulos, e não o livro inteiro. Alguns podem prender sua atenção, outros nem tanto. A vida é sua, portanto, desfrute-a como quiser. Espero, todavia, que você invista algumas horas na leitura deste livro, pois ele oferece lições que podem tornar o resto de sua vida melhor, mais livre e – por fim – mais feliz.

TOM G. PALMER
AMSTERDÃ, Holanda
30 DE MARÇO DE 2016.

1
A GRANDE ESCOLHA

Por Tom G. Palmer

"Eles [os detentores de autoridade] estão sempre prontos para nos poupar de toda classe de problemas, exceto o de obedecer e pagar! Eles nos dirão: 'Qual é, no final das contas, o objetivo de nossos esforços, o motivo de nossos labores, o objeto de todas as nossas esperanças? Não é a felicidade? Bem, deixe essa felicidade para nós, e a daremos a vocês." Não, senhores, não devemos deixá-la para eles. Não importa quão tocante seja tal compromisso, as autoridades devem ficar dentro de seus limites. Que se limitem a ser justas. Nós assumiremos a reponsabilidade por nossa própria felicidade".[2]

— BENJAMIN CONSTANT

PODE HAVER LIBERDADE SEM RESPONSABILIDADE, OU *responsabilidade sem liberdade? Podemos escolher ser livres e responsáveis? Por que isso importa? Neste capítulo, esclarecemos os termos, definimos as questões e explicamos o argumento a favor de escolher uma vida de responsabilidade e liberdade.*

Cada um de nós enfrenta uma importante escolha: devemos defender ativamente o autocontrole ou aceitar passivamente o controle estatal? O autocontrole proporciona uma vida de liberdade e responsabilidade, em que alcançamos nossa dignidade em paz e harmonia com os outros. Essa é a vida que um ser humano merece. O autocontrole é a base da prosperidade e do progresso. Por sua vez, o controle estatal oferece uma vida de obediência, subserviência e temor; promove a guerra de todos contra todos, na luta pelo poder para controlar as vidas dos demais. O autocontrole é um princípio simples e claro, aplicável a todos: temos apenas uma vida para viver. O controle estatal não tem um princípio claro e simples, e incita o conflito, na medida em que indivíduos e grupos tentam controlar o Estado e uns aos outros, ou escapar de seu controle.

Pessoas livres não são subservientes, tampouco estão descontroladas: elas assumem o controle de suas vidas, o que é, ao mesmo tempo, um ato de liberdade e de responsabilidade. Na verdade, ambas estão interligadas e uma não vive sem a outra.

Crianças dependentes querem liberdade sem responsabilidade; adultos independentes adotam ambas. Uma vida de liberdade e responsabilidade só satisfaz quem assume o controle de sua vida. Essa é a vida de um adulto, e não a de uma criança; de um cidadão, e não de um súdito; de uma pessoa, e não de um objeto. Não devemos esperar que nosso bem-estar e nossa felicidade venham dos outros ou da boa vontade do Estado. O governo é instituído entre os homens não para garantir a nossa felicidade, mas para garantir o nosso direito à *busca* da felicidade. Somos responsáveis pela nossa própria felicidade.

RESPONSABILIDADE E LIBERDADE

Responsabilidade: para alguns, a palavra evoca imagens de velhinhos repreendendo jovens a sentar direito, fazer o dever de casa ou ligar para sua madrinha para agradecer pelo presente de aniversário. Não surpreende, portanto, que a consideremos algo chato, tedioso e que nos impede de desfrutar a nossa liberdade. Essas imagens sugerem que o objetivo da liberdade é fugir das responsabilidades.

De fato, ser responsável não é chato, nem tedioso, e muito menos nos afasta da liberdade. Ser responsável implica, às vezes, fazer coisas não tão prazerosas, ou mesmo grandes sacrifícios. No entanto, ser responsável traz a maior das satisfações humanas. Ser responsável é, ao mesmo tempo, uma grande aventura e um ato de coragem. Merecemos a liberdade porque podemos ser responsabilizados por nossos atos, fazer escolhas e exercer nosso autocontrole. A responsabilidade não é um fardo que devemos carregar para sermos livres; pelo contrário, a consciência do "eu fiz isso" é o que torna a liberdade uma recompensa pela qual devemos lutar. A responsabilidade é a chave para a realização pessoal.

Não merecemos ser livres só porque temos desejos ou impulsos. Merecemos ser livres – controlar nossas próprias vidas – porque temos responsabilidade moral perante os outros, Deus (para os crentes) e nossa consciência. Como um dos filósofos morais mais influentes escreveu centenas de anos atrás:

> Um ser moral é um ser responsável. Um ser responsável, como diz o termo, é um ser que deve prestar contas de suas ações ao próximo, e que, por conseguinte, deve regulá-las à boa vontade desse outro.[3]

Adam Smith seguiu explicando que o desenvolvimento de uma consciência moral implica responder não só aos outros, mas a nós mesmos, pois buscamos não só sermos *admirados*, mas também *dignos de admiração* – dois objetivos que podem parecer similares, mas que "ainda são, em muitos aspectos, distintos e independentes entre si".[4]

Como criaturas sociais, buscamos nos tornar dignos de estima, ou "admiração", mas "para obtermos essa satisfação, devemos nos tornar espectadores imparciais de nosso próprio caráter e conduta. É preciso nos esforçarmos para vê-los com os olhos de outras pessoas, ou como outras pessoas provavelmente os verão".[5]

Sermos espectadores imparciais de nosso próprio caráter e conduta nos permite conquistar nossa própria autoestima. Como Smith notou: "O homem que nos aplaude por ações que não realizamos, ou por motivos que não tiveram nenhuma influência sobre nossa conduta, não aplaude a nós, mas a outra pessoa. Não podemos extrair nenhuma satisfação de seus louvores."[6] Essa satisfação só é possível ao aceitarmos a responsabilidade pessoal.

Liberdade: para alguns, a palavra evoca imagens de "vale tudo", desordem, caos, imoralidade e permissividade. Não surpreende que tenham medo dela. Por isso, muitos acreditam que ordem e virtude devem ser impostas à custa da liberdade, igualando responsabilidade com submissão a ordens de outros. Alguns até prometem que essa submissão, embora possa destruir o que nós, meros mortais, consideramos nossa liberdade, trará uma liberdade "superior" perante o que eles consideram uma liberdade empírica ou "burguesa". Prometem uma liberdade arrebatada que só pode ser encontrada quando nossas ações são orientadas pelos sábios e bons, ou pelo menos, pelos poderosos.

Liberdade não é o mesmo que permissividade; responsabilidade vincula liberdade à virtude e autocontrole. Essa conexão foi evidenciada por um dos maiores defensores da liberdade na história, um homem que nasceu escravo em Talbot County, Maryland: Frederick Augustus Washington Bailey. Ele conquistou a liberdade para si próprio e para milhões de outros. É conhecido pelo nome que escolheu para si: Frederick Douglass. Esse homem escreveu em 1845 – como um antigo escravo que conquistou sua liberdade – sobre as "folgas" concedidas aos escravos por seus senhores. Os donos de escravos retratavam esses momentos de aparente liberdade como atos de benevolência; no entanto, não passavam de "válvulas de escape, para dar vazão ao espírito revoltoso de uma humanidade escravizada".[7] O objetivo dos senhores era afundar seus escravos na depravação, em vez de lhes oferecer um alívio da escravidão:

Seu objetivo parece ser que os escravos tenham nojo da liberdade, afundando-os nas profundezas da degeneração. Por exemplo, os senhores não gostam apenas de vê-los beber à vontade, mas empregam diversos meios para embriagá-los. Um plano é apostar qual dos escravos é capaz de beber mais uísque sem ficar bêbado; dessa forma, convencem milhares deles a beber em excesso. Assim, quando o escravo pede uma liberdade virtuosa, o astuto senhor, conhecendo sua ignorância, o engana com uma dose de degradação vil, rotulada engenhosamente de "liberdade". A maioria dos escravos costumava morder a isca, e o resultado era previsível: muitos deles foram levados a pensar que havia pouca diferença entre liberdade e escravidão, e que a escolha era entre ser escravo de homens ou do álcool. Assim, quando as "folgas" acabavam, voltávamos à imundície em que chafurdávamos, respirávamos fundo e marchávamos para os campos – sentindo-nos, em geral, contentes de sair do destino que nosso senhor nos levara a acreditar ser liberdade, de volta aos braços da escravidão.[8]

Para Douglass, a liberdade não se encontrava na embriaguez e no vício encorajados pelos senhores, mas na dignidade da responsabilidade pessoal. Ele conheceu o significado de liberdade quando, em suas palavras, "teve contato com o livro *The Columbian Orator*" e foi cativado pelo diálogo ali presente entre um senhor e seu escravo, em que o escravo refuta os argumentos pró-escravidão de seu senhor, convencendo-o a dar-lhe alforria.[9] O efeito desses argumentos sobre Douglass foi poderoso: "A liberdade tinha aparecido, para nunca mais desaparecer. Era ouvida em todo lugar, vista em todas as coisas. Estava sempre presente, atormentando-me com a realidade de minha terrível condição. Nada via sem vê-la, nada ouvia sem ouvi-la, e nada sentia sem senti-la".[10]

Tentar substituir o autocontrole pelo controle estatal gera consequências não intencionais muito piores do que os problemas que o controle estatal busca resolver. As intenções dos legisladores ou administradores são uma coisa; e as consequências da mudança de incentivos são outra. Analisemos dois exemplos relevantes. Neste livro, o professor Jeffrey Miron, da Universidade Harvard, expõe as terríveis consequências não intencionais da guerra contra as drogas (crime, overdose, propagação de doenças etc.), enquanto a jornalista Lisa Conyers mostra a dependência frequentemente criada como consequência não intencional das políticas de bem-estar social.

Ninguém pode legislar ou escolher resultados diretamente; tudo que legisladores ou governantes podem fazer é mudar os incentivos que os participantes das interações sociais encontram. Assim, ações podem ser proibidas por lei caso os legisladores as considerem ruins. No entanto, isso não significa que não serão mais realizadas. Diante disso, os legisladores estipulam punições como multas, prisão ou até pena de morte – o que não implica que ninguém se engajará nessas ações.

- A liberdade para produzir, comprar, vender e consumir drogas é restringida ou totalmente suprimida por lei em muitos países. Por exemplo, drogas são ilegais nos Estados Unidos; mesmo assim, as prisões estão cheias de indivíduos que produziram, compraram, venderam ou consumiram drogas apesar da proibição. Milhões de pessoas não foram dissuadidas pelo risco de prisão, mesmo com a violência e os bilhões de dólares empregados para mudar seu comportamento.[11] Repete-se a experiência da proibição do álcool da década de 1920; o fato de proibir uma substância não garante o fim de seu consumo e, pior, costuma gerar consequências não previstas pelos defensores da proibição.[12]

- Ao redor do mundo, a decisão de poupar para a aposentadoria foi assumida pelos governos, que dizem investir as economias das pessoas de forma sábia para ajudá-las em sua velhice, fortalecendo os laços de solidariedade entre gerações.[13] Nos Estados Unidos, os salários são tributados, e os tributos não são investidos para o futuro, mas depositados em um sistema de "repartição" financeiramente indistinguível das famosas "pirâmides", e que acumula com o tempo grandes volumes de "obrigações não financiáveis". Os trabalhadores são informados de que seus pagamentos à Previdência Social estão sendo "igualados" por "contribuições" de seus empregadores, quando, na verdade, 100% da "contribuição patronal" sai de seu próprio bolso, já que esse dinheiro seria, de outra forma, salário; ou seja, é uma transferência forçada do dinheiro do empregado para o governo. O dinheiro é utilizado imediatamente, e substituído por nada além de uma IOU.*[14] Em vez de criar solidariedade intergeracional, as pessoas são encorajadas a fazer lobby por mais e mais pagamentos desvinculados de suas contribuições,[15] e obrigações insustentáveis são transferidas para os jovens.[16] O sistema já está "no vermelho", isto é, a fraude contábil desse "fundo fiduciário" foi revelada; a Previdência Social é financiada por um esquema de pirâmide, e não por "investimentos" ou "poupança".[17] Quando dizemos ao povo que sua aposentadoria será garantida pelo governo, isso o incentiva a consumir mais e poupar menos. Além disso, quando os custos recaem sobre um grupo e os benefícios sobre outro, os incentivos criados levam as pessoas a buscar benefícios e evitar custos, o que gera uma gama de conflitos, inclusive intergeracionais. O autocontrole não é perfeito, mas o controle estatal certamente não é melhor que ele.

LIBERDADE E RESPEITO PELA LEI

Uma ordem social harmoniosa só é possível quando os indivíduos são livres para se controlar e coordenar suas ações voluntariamente com os demais. Depende do respeito das liberdades de cada indivíduo. Emerge não de ordens respaldadas pela violência, que tendem mais a perturbá-la que fortalecê-la, mas sim do respeito pelas normas gerais das sociedades livres que delimitam as esferas individuais de liberdade e responsabilidade.[18] As instituições de sociedades livres – incluindo costumes e tradições, mercados e preços, persuasão e discussão, debate e decisão – fornecem os mecanismos pelos quais as pessoas coordenam seu comportamento de forma voluntária.

Persiste a crença de que a ordem só pode ser criada pela força, guiada pela razão e vontade. O planeta está cheio de túmulos das vítimas dessa ideologia. As tentativas de criar o paraíso na Terra por meio desse tipo de planejamento não geraram ordem, mas sim o que Ludwig von Mises chamou de "caos planejado".[19] Sloane Frost, especialista em políticas de saúde e uma das fundadoras do Students for Liberty, demonstrou a irracionalidade do "planejamento" intervencionista em um estudo sobre o atendimento à saúde. Ao contrário de uma ordem coerente e racional, Sloane descobriu o seguinte em sua pesquisa:

> Temos uma intervenção em cima da outra, com a primeira delas tão distante no tempo que fica difícil saber como tudo começou. Essas intervenções criam raízes na vida cotidiana, a ponto de quase nunca serem questionadas. E pior, por não terem sido planejadas com coerência, se arrastando crise após crise, muitas vezes são descritas não como intervencionismo estatal, mas como "livre mercado" ou *laissez-faire*" por pessoas que não querem entender a confusa rede de intervenções e os incentivos que geram, como afetam o comportamento e levam a consequências não intencionais e mais intervenções.[20]

Ordens podem funcionar com exércitos; porém, replicar a mesma lógica em políticas intervencionistas realmente perturba padrões existentes e potenciais de coordenação, criando não mais ordem, mas desordem. Sistemas de normas gerais e estáveis têm êxito onde ordens fracassam, pois permitem que as pessoas formem expectativas razoáveis acerca do comportamento dos outros e sejam flexíveis à mudança.[21] Mesmo se a sociedade pudesse ser conduzida como um grande exército, a ordem que surgiria seria muito menos complexa do que as que resultam da livre cooperação. Se a ordem pode ser comparada à música, as ordens das sociedades livres se assemelham mais a um improviso de jazz do que à cadência de uma marcha militar.

O estado de direito é um elemento essencial da liberdade; cada indivíduo, incluindo os agentes governamentais, é responsável por observá-lo. Ele implica não o cumprimento de ordens, éditos ou decretos específicos pelo uso da força, mas sim a proteção de regras gerais, de modo que:

> Sob o estado de direito impede-se que o governo anule os esforços individuais mediante ação *ad hoc.** Segundo as regras do jogo conhecidas, o indivíduo é livre para perseguir suas metas e desejos pessoais, tendo a certeza de que os poderes do governo não serão empregados no propósito deliberado de fazer malograr os seus esforços.[22]

O estado de direito torna possível a liberdade individual. No entanto, sua manutenção exige que as pessoas aceitem a responsabilidade e o autocontrole, pois é virtualmente impossível monitorar todas as diversas interações em sociedade. Não há policiais suficientes no mundo para impor o respeito e defender o estado de direito se já não houver um nível substancial de autocontrole entre as pessoas, incluindo aqui os agentes governamentais. Quando esse autocontrole – a responsabilidade de defender a lei – é desgastado, enfraquece o estado de direito, o desfrute da liberdade, a ordem e a coordenação social. A liberdade é a chave para a experiência de responsabilidade, já que a responsabilidade é necessária para a manutenção da liberdade.

John Locke fez uma distinção precisa entre desfrutar a liberdade e apenas saciar "caprichos", isto é, o que alguém pretende ou apenas deseja fazer, não importando as consequências para si ou para os outros:

> *A finalidade da lei* não é abolir ou restringir, mas *conservar e ampliar a liberdade*, pois em todos os estados de seres criados capazes de leis, *onde não há lei, não há liberdade*. A *liberdade* consiste em estar livre de restrições e de violência por parte de outros, o que não pode existir onde não existe lei. Mas não se trata, como já nos foi dito, de *liberdade para que cada um faça o que bem quiser* (pois quem poderia ser livre quando o capricho de qualquer outro homem pode dominá-lo?), e sim de uma *liberdade* para dispor e ordenar como se quiser a própria pessoa, posses e toda a sua propriedade, dentro dos limites das leis às quais se está submetido; e, portanto, não estar sujeito à vontade arbitrária de outrem, mas seguir livremente a sua própria vida.[23]

Assim como a liberdade e a lei estão intimamente ligadas, o mesmo ocorre entre liberdade e responsabilidade. Sua relação é funcional e positiva: quando uma cresce, a outra também, e vice-versa. A responsabilidade é a base de nossa liberdade, assim como a liberdade é a base de nossa responsabilidade. Aceitar ambas fortalece nossa consciência moral, nos torna cientes de nossas relações com os outros e o nosso futuro, refina nosso caráter, facilita nossa vida em comunidade, fomenta nosso respeito pela liberdade dos outros, e nos permite a satisfação de dizer: "Eu fiz isso; minha vida é minha responsabilidade, e sou responsável pelo que conquisto".

Nossa própria identidade pessoal está diretamente ligada à nossa liberdade e responsabilidade. Richard Overton, um dos primeiros escritores e ativistas libertários da Inglaterra, escreveu de sua cela na prisão em 1646:

> Todo indivíduo, por natureza, tem uma propriedade individual que não pode ser invadida ou usurpada por ninguém. Como todo mundo, ele tem propriedade de si próprio; de outra forma, *não poderia ser ele mesmo*.[24]

Apenas para ser ele próprio, o indivíduo precisa ter "propriedade de si próprio", "de outra forma, não poderia ser ele mesmo". De forma independente, Frederick Douglass descobriu o mesmo princípio:

> Olhe para a condição do escravo: despojado de todo direito e privilégio, nunca teve o prazer de dizer "eu mesmo" – sua cabeça, seus olhos, suas mãos, seu coração, seus ossos, seus tendões, sua alma, seu espírito imortal, tudo isso pertence a outro. Pode ser que não decida nada por si próprio – nenhuma questão relacionada às suas próprias ações. O senhor – o homem que reivindicou propriedade sobre esse ser – assumiu o direito de decidir todas as coisas em seu nome.[25]

Tanto Overton em sua cela solitária como Douglass refletindo sobre sua terrível experiência como escravo entenderam que, para ser quem você é, é preciso que tenha a liberdade para dizer "*meu* eu".

O ideograma chinês para liberdade, 自由 (*zìyóu*), também significa "autodeterminação" ou "ser você mesmo" e contém o caractere que representa *eu*, 自 (*zì*). Em conversas informais com acadêmicos chineses que defendem a liberdade, fui informado de que os ideogramas chineses transmitem de forma mais clara a relação mútua entre liberdade e responsabilidade do que a palavra liberdade.

Nos parágrafos seguintes, tentarei esclarecer melhor essa relação.

LIBERDADE OU PERMISSIVIDADE?

O filósofo Platão, em seu livro *A República,* mostra Sócrates criticando o papel da liberdade em um regime democrático. Sócrates pergunta ao seu interlocutor, Adimanto:

> – Em primeiro lugar, não são eles livres? A cidade não é sobejamente livre e de linguagem sincera e se pode fazer o que se quer?
>
> – Certamente, é isso o que se diz.
>
> – Desse modo, fica claro que em todo lugar onde tal liberdade impera cada um organiza a sua vida como melhor lhe convém.[26]

Em *A República,* o resultado inevitável desse tipo de relação é o caos e a imoralidade. Segundo Sócrates:

> – Mas, meu caro, o limite extremo do excesso de liberdade que um tal Estado oferece é atingido quando as pessoas dos dois sexos que se compram como escravos não são menos livres do que aqueles que as compraram. E quase nos esquecíamos de dizer até onde vão a igualdade e a liberdade nas relações entre os homens e as mulheres.
>
> – Mas por que não havemos de dizer, segundo a expressão de Ésquio, "o que tínhamos na ponta da língua"?[27]

Escravos agiriam como se fossem tão livres como seus senhores, e mulheres pensariam ser iguais aos homens – e, bem, não se pode permitir *isso,* certo? As pessoas poderiam dizer o que tinham na ponta da língua, e isso *certamente* não pode ser permitido.

Platão (através de seu porta-voz, Sócrates) sugeriu eliminar a liberdade "de dizer o que tínhamos na ponta da língua", assim como abolir a propriedade e a família, pelo menos para "as classes dos filósofos". Em lugar de um governo democrático, propõe o governo da cidade por uma "classe de magistrados", que seria educada nas virtudes e, assim, capaz de garantir que cada um soubesse o seu lugar. A política seria guiada pela virtude daqueles cuja educação lhes permitia conhecê-la; como a educação não é possível para a maioria, ela deve ser guiada por seus superiores. Muitos filósofos seguiram os passos de Platão, convencidos de que eram mais inteligentes, sábios e superiores ao resto da humanidade, e que era seu dever aceitar o fardo do poder e usá-lo para guiar o comportamento e até os pensamentos dos outros à virtude, ao progresso, à divindade, à pureza, à ordem ou a qualquer propósito superior que só eles podiam ver. Infelizmente para esses filósofos morais, é raro que aqueles que conquistam o poder se tornem filósofos, muito menos morais, e que os regimes filosoficamente endossados mostrem a consistência e a coerência prometidas.[28] Com frequência, eles destroem os intelectuais arrogantes que primeiro os defenderam.

A liberdade requer que se estabeleçam não sistemas de poder por meio dos quais elites educadas controlem a conduta e a vida de todos, mas sim um estado de direito, isto é, um *conjunto de regras* que facilite a cooperação,[29] dentro do qual cada pessoa pode controlar a si própria. As leis de trânsito facilitam o transporte de milhões de pessoas para milhares de destinos diferentes, sem precisar de um poder central: embora imperfeitas, em sua simplicidade ajudam milhões a evitar colisões e chegar em segurança a seus destinos. É fato que muitas regras surgiram de forma espontânea, sem imposição consciente, como subprodutos da interação entre indivíduos para alcançar seus distintos fins. Apesar das evidências, a maioria, incluindo os intelectuais, não entende como as pessoas podem coordenar seu comportamento apenas seguindo ordens que são aplicáveis a todos. Só conseguem conceber a ordem com alguém dando ordens. Estão cegas à ordem complexa que as rodeia. Sociedades livres são vastos sistemas de ordens espontâneas interdependentes, da linguagem ao tráfego, de códigos de etiqueta aos mercados de alimentos, sapatos, pasta de dente e móveis. Sistemas jurídicos distintos oferecem grande variedade de normas, porém nenhuma delas funcionaria caso as pessoas fossem incapazes, sem orientação ou controle externo consciente, de ajustar seu comportamento aos dos outros a fim de realizar seus próprios objetivos. Os resultados agregados disso são sistemas de ordem que não poderiam ser previstos em seus detalhes particulares.

Não são apenas filósofos e políticos que exaltam o uso do poder para controlar outras pessoas. É comum a crença de que autoridade, poder e mesmo força bruta são as únicas formas de "administrar uma sociedade". Muitos acreditam que os outros devem ser controlados. Os outros não são capazes de se controlar ou coordenar suas ações com aqueles que têm controle sobre suas vidas e ações. É falsa a ideia de que um poder central consciente pode coordenar o comportamento de milhões de indivíduos melhor do que sistemas de normas que lhes permitem fazer suas próprias escolhas e coordenar seu comportamento voluntariamente, para citar Locke, "dentro dos limites das leis às quais se está submetido; e, portanto, não estar sujeito à vontade arbitrária de outrem, mas seguir livremente a sua própria vida".

Pessoas livres seguem seus próprios planos dentro do estado de direito. São responsáveis por suas ações e por respeitar os direitos dos outros de viver livremente. Respeitar os direitos individuais e o estado de direito gera ordem social e ciclos virtuosos de cooperação, de criação de riqueza via trocas mutuamente benéficas e de harmonia. No entanto, nem todo o mundo pensa assim. De Platão a Putin, os defensores da coerção afirmam que a submissão a seus planos é a única forma de alcançar uma sociedade verdadeiramente boa, virtuosa e próspera. No intento de nos livrar da responsabilidade por nossa própria felicidade, eles se impuseram sobre nós pela violência, e nos degradaram. Seus planos, na medida em que foram implementados, não produziram nem ordem, nem bondade, nem virtude, nem prosperidade. Responsabilidade pessoal e liberdade vencem onde poder arbitrário e coerção falham. As palavras de Benjamin Constant se mantêm verdadeiras até hoje: "Que se limitem a ser justos. Nós assumiremos a responsabilidade por nossa própria felicidade".[30]

2
COMO A QUÍMICA CEREBRAL EXPLICA A LIBERDADE HUMANA E NOS AJUDA A REALIZÁ-LA

Por John Tierney

A força de vontade é como um músculo? Você pode exercitá-la? Pode estressá-la ou cansá-la? Pode fazê-la crescer? Psicólogos experimentais aprenderam muito sobre a força de vontade nas últimas décadas. A boa notícia é que muito desse conhecimento tem valor prático. Você pode fortalecer sua força de vontade, melhorar sua vida e, através do autocontrole, ser livre. John Tierney escreve sobre ciências no New York Times e é coautor, com o psicólogo experimental Roy Baumeister, do livro Willpower: Rediscovering the Greatest Human Strength (Nova York: Penguin Books, 2011).

EM 4 DE JULHO DE 1776, QUANDO SUA DECLARAÇÃO revolucionária sobre a liberdade humana foi promulgada, Thomas Jefferson também produziu um texto menos festejado.

"Termômetro comprado na Pd Sparhawk", anotou ele, contabilizando o valor preciso – 3 libras e 15 *shillings* – que havia pago naquele dia na loja de John Sparhawk, na Filadélfia. Nem mesmo a Declaração da Independência o distraía do registro meticuloso de cada compra. Ele mantinha sua contabilidade atualizada, mas o zelo pelo autocontrole – estabelecer metas e monitorar comportamentos – era comum entre seus pares. Na adolescência, George Washington escreveu uma lista de "110 regras de civilidade" que cobriam tudo, desde boas maneiras à mesa ("não beber nem falar com a boca cheia") até moralidade ("tenha diversões responsáveis, não pecaminosas"). O jovem Benjamin Franklin mantinha uma tabela semanal de seu progresso em direção a 13 virtudes específicas. Ao notar qualquer lapso em temperança, frugalidade, industriosidade, asseio ou outras virtudes, comprometia-se a "dominar qualquer impulso motivado por inclinação natural, costume ou amizades". Os fundadores dos Estados Unidos acreditavam no direito inalienável à liberdade, mas sabiam que ela dependia da responsabilidade pessoal. Para se livrar do domínio de um tirano, os homens precisavam ser capazes de governar a si mesmos: essa verdade parecia autoevidente.

Hoje, ela é ainda mais evidente, embora os cientistas sociais tenham levado algum tempo para assimilá-la. Durante o século XX, conforme pesquisadores estudavam as forças irracionais e inconscientes no cérebro, sua fé no autocontrole esmoreceu, sendo substituída pela fé no controle estatal: mais e mais regras e programas para nos proteger de nós mesmos. Hoje em dia, graças a novas pesquisas, os benefícios do autocontrole voltaram à tona. Os cientistas sociais o consideram a virtude suprema, essencial para o sucesso individual e a harmonia em sociedade. Eles já mediram seu impacto sobre o comportamento, e têm uma boa noção de como ele opera no cérebro. Descobriram, para sua surpresa, que a força de vontade não é apenas uma metáfora ultrapassada.

O termo "força de vontade" foi introduzido pelos vitorianos que partilhavam do entusiasmo dos fundadores dos EUA pelo autocontrole. Eles se viam em uma época de transição à medida que as certezas e as rígidas instituições da Europa medieval se extinguiam. Os camponeses medievais tinham confiado em formas externas de controle comportamental: a *dicta* do senhor, os mandamentos da Igreja e as regras rigidamente aplicadas do vilarejo. Mas, com a migração crescente para as cidades nos séculos XVIII e XIX, eles deixaram de ser refreados por igrejas locais, pressões sociais e crenças universais. A Reforma Protestante tinha tornado a religião mais individualista, e o Iluminismo enfraquecera a fé em qualquer tipo de dogma. Um tema popular de debate entre os vitorianos era se poderia haver moralidade sem religião. Como se preocupavam com a decadência moral e as patologias sociais concentradas nas cidades, eles procuravam algo mais tangível que a graça divina, uma força interna que pudesse proteger até mesmo um ateu.

Eles passaram a chamá-la de *força de vontade* devido à noção popular de que algum tipo de força estava envolvido, um equivalente interno à energia do vapor na Revolução Industrial. As pessoas buscavam aumentar seu estoque dessa força seguindo as exortações do inglês Samuel Smiles em *Self-Help*, um dos livros mais populares do século XIX em ambos os lados do Atlântico. "A paciência é força de espírito", lembrava ele aos leitores, explicando o sucesso de todos os grandes homens, de Isaac Newton a Stonewall Jackson, como o resultado do "espírito de sacrifício" e da "perseverança incansável".

O fascínio pela força de vontade diminuiu no século XX em parte como reação aos excessos dos vitorianos, em parte devido às mudanças econômicas e às guerras mundiais. O prolongado derramamento de sangue da I Guerra Mundial pareceu uma consequência da obstinação de muitos cavalheiros cumprindo o seu "dever" e morrendo por causas sem sentido. Os intelectuais pregavam uma perspectiva de vida mais tranquila nos Estados Unidos e em partes da Europa Ocidental – mas não, infelizmente, na Alemanha, onde desenvolveram uma "psicologia da vontade" que guiou o país durante sua lenta recuperação da guerra. Esse tema seria abraçado pelos nazistas, cuja realidade em 1934 foi exibida no execrável filme de propaganda de Leni Riefenstahl, *The Triumph of the Will*. O conceito nazista de obediência civil a um sociopata não era nada parecido com o conceito vitoriano de força moral pessoal, mas a distinção parecia não importar. Se os nazistas representavam o triunfo da vontade... bem, quando se trata de relações públicas de péssima qualidade, não há nada pior do que um endosso pessoal de Adolf Hitler.

O declínio da vontade não parecia algo tão ruim, e depois da guerra, outras forças vieram a enfraquecê-la. Na medida em que a tecnologia barateava os produtos e enriquecia os subúrbios, estimular a demanda dos consumidores tornou-se vital para a economia, e uma nova e sofisticada indústria da propaganda surgiu, instigando todo o mundo a consumir agora. Os sociólogos identificaram uma nova geração de pessoas "voltadas para os outros" que eram guiadas pelas opiniões dos vizinhos, e não por fortes convicções morais. Os rigorosos e exigentes livros de autoajuda da era vitoriana passaram a ser vistos como ingenuamente egocêntricos. Os novos best-sellers eram obras mais divertidas, como, por exemplo, *Como Fazer Amigos e Influenciar Pessoas*, de Dale Carnegie, e *O Poder do Pensamento Positivo*, de Norman Vincent Peale.

A mudança no caráter das pessoas foi notada por um psicanalista chamado Allen Wheelis, que, no final da década de 1950, revelou o que considerava um segredinho sujo de sua profissão: as terapias freudianas não funcionavam mais como deveriam. Em seu livro *The Quest for Identity*, Wheelis descreveu uma mudança na estrutura do caráter posterior à época de Freud. Os cidadãos vitorianos de classe média que formavam a clientela de Freud tinham uma vontade forte, o que dificultava a entrada dos terapeutas em suas mentes protegidas por defesas firmes e definições pétreas de certo e errado. As terapias de Freud tinham se concentrado em formas de superar essas barreiras, a fim de mostrar aos pacientes as razões de sua neurose e seu sofrimento. Uma vez que compreendiam o que estava acontecendo, eles conseguiam mudar facilmente. Na metade do mesmo século, todavia, a blindagem do caráter das pessoas tinha mudado. Wheelis e seus colegas concluíram que as pessoas compreendiam as coisas mais rápido do que na época de Freud, mas nesse ponto a terapia emperrava e fracassava. Sem a firmeza de caráter dos vitorianos, as pessoas não tinham força para dar continuidade ao discernimento que haviam alcançado e mudar suas vidas. Wheelis utilizou termos freudianos para discutir o declínio do superego na sociedade ocidental, mas estava se referindo simplesmente ao enfraquecimento da força de vontade – e tudo isso antes de os *baby boomers* virarem adultos na década de 1960 com o mantra da contracultura de que "se lhe der prazer, faça".

A cultura popular continuou celebrando o hedonismo da "geração eu" da década de 1970, enquanto os cientistas sociais, cujo número e influência só aumentavam, propunham novos argumentos contra a força de vontade. A maioria dos sociólogos buscava as causas da má conduta fora do indivíduo: a pobreza, a privação relativa, a opressão, os problemas ambientais, os sistemas políticos ou econômicos. Buscar fatores externos é mais conveniente para todo o mundo, em particular para os milhares de acadêmicos que evitam o risco de cometer o pecado politicamente incorreto de "culpar a vítima" ao sugerir que os problemas das pessoas possam ser motivados por causas dentro delas mesmas. Os problemas sociais podem parecer mais fáceis de resolver do que as falhas de caráter, pelo menos para os cientistas sociais que propõem novas políticas e programas governamentais para lidar com eles.

A própria noção de que as pessoas podem controlar a si mesmas conscientemente sempre foi vista com suspeita pelos psicólogos. Os freudianos afirmavam que grande parte do comportamento humano resultava de forças e processos inconscientes. B. F. Skinner tinha pouco respeito pelo valor da consciência e outros processos mentais, exceto quando necessários para processar contingências de reforço. Em *Beyond Freedom and Dignity*, ele argumentou que, para entender a natureza humana, devemos ir além dos valores obsoletos presentes no título do livro. Embora muitas das teorias específicas de Skinner tenham sido descartadas, aspectos de sua abordagem ganharam vida nova entre psicólogos convencidos de que a mente consciente é subserviente ao inconsciente. A vontade passou a ser vista como tão irrelevante que nem merecia ser avaliada ou mencionada nas teorias modernas de personalidade. Alguns neurocientistas afirmam ter negado a sua existência. Muitos filósofos se recusam a empregar o termo. Quando querem debater a questão filosófica clássica da liberdade da vontade (livre-arbítrio), preferem falar de liberdade de ação, e não da vontade, pois duvidam de sua existência. Alguns se referem de forma desdenhosa à "suposta vontade". Alguns acadêmicos chegaram a argumentar que o sistema jurídico deveria ser revisto para eliminar noções ultrapassadas como livre-arbítrio e responsabilidade.

Nesse ínterim, alguns pesquisadores se interessaram pela "autorregulação", o termo usado pelos psicólogos para o autocontrole. A ressurreição do autocontrole não foi liderada pelos teóricos, que ainda estavam convencidos de que a força de vontade não passava de um mito vitoriano. No entanto, quando outros psicólogos entravam no laboratório ou saíam a campo, depararam com algo que se parecia muito com ela.

Os primeiros indícios surgiram, por acidente, em um experimento em que eram oferecidos doces a crianças de quatro anos de idade, com a promessa de que elas ganhariam uma recompensa (outro doce) caso resistissem à tentação de comê-los por alguns minutos. O objetivo do experimento, liderado por Walter Mischel, de Stanford, era estudar como uma criança aprende a resistir à gratificação imediata. Só muito tempo depois, após ouvir histórias sobre o que tinha acontecido a algumas dessas crianças, Mischel e seus colegas decidiram localizar centenas de veteranas daquele experimento. Eles concluíram que aquelas que tinham sido capazes de resistir à tentação de comer o doce aos quatro anos de idade haviam posteriormente obtido notas melhores.[31] E as que tinham conseguido aguentar os 15 minutos do experimento obtiveram 210 pontos a mais no teste SAT [um tipo de ENEM] em comparação a outras que haviam cedido meio minuto depois. As crianças com mais força de vontade cresceram e se tornaram mais populares com colegas e professores. Elas ganhavam salários mais elevados. Tinham um índice de massa corporal mais baixo, sugerindo uma tendência menor a engordar na idade adulta. Apresentavam menos chances de ter problemas com uso de drogas.

Os benefícios do autocontrole ficaram ainda mais claros quando Roy Baumeister publicou todos os resultados da pesquisa em *Losing Control* (1994), um livro acadêmico escrito por ele e sua esposa, Dianne Tice, professora e pesquisadora da Case Western Reserve University, em parceria com Todd Heatherton, um professor de Harvard. "O fracasso do autocontrole é a principal patologia social de nossa época", eles concluíram, apontando para evidências acumuladas de que ele contribui para as elevadas taxas de divórcio, violência doméstica, crimes e uma série de outros problemas. O livro estimulou mais experimentos e pesquisas, inclusive o desenvolvimento de uma escala para medir o autocontrole em testes de personalidade. Quando os pesquisadores compararam as notas dos estudantes com cerca de 30 traços de personalidade, o autocontrole provou ser o único traço que previa melhor a média acadêmica de um estudante universitário que o acaso.[32] O autocontrole também provou ser um melhor instrumento de previsão das notas de faculdade do que o QI ou a nota do SAT do aluno.[33] Embora a inteligência pura fosse um tipo de vantagem, a pesquisa mostrou que o autocontrole era mais importante que ela, já que melhorava os níveis de assiduidade, o cumprimento de tarefas e a dedicação dos alunos aos estudos.

Os resultados eram incríveis, mas como exatamente foram produzidos? Qual era o mecanismo do autocontrole? Como descobrir o que acontecia dentro do cérebro desses estudantes? No fim das contas, a resposta viria acompanhada de biscoitos quentinhos.

RABANETES, CHOCOLATE E GLICOSE

Às vezes, os cientistas sociais precisam ser um pouco cruéis em seus experimentos. Quando os alunos universitários entraram no laboratório de Baumeister, já estavam com fome por estarem em jejum, e depararam com uma sala impregnada com o cheiro de biscoitos de chocolate recém-saídos do forno. Os voluntários se sentaram a uma mesa com diversas opções culinárias: biscoitos quentinhos, pedaços de chocolate e uma tigela com rabanetes. Alguns deles foram convidados a comer os biscoitos e o chocolate. Os azarados foram escalados para a "condição do rabanete": nada de doces, apenas rabanetes crus.

Para maximizar a tentação, os pesquisadores deixaram os alunos sozinhos com os rabanetes e os biscoitos, observando-os através de uma pequena janela oculta. Os sujeitos à condição do rabanete claramente ficaram muito tentados. Muitos contemplaram por longo tempo os biscoitos antes de, relutantes, comer o rabanete. Alguns até pegaram um biscoito e o cheiraram, tentando sentir o prazer de um biscoito de chocolate recém-tirado do forno. Por acidente, um casal deixou cair um biscoito no chão, mas se apressou para colocá-lo de volta na tigela, de modo que ninguém percebesse seu flerte com o pecado. Mas ninguém chegou a provar o biscoito proibido. Todos resistiram à tentação, mesmo que, em alguns casos, por mínima margem. Tudo isso foi positivo, em termos do experimento. Demonstrou que os biscoitos eram realmente tentadores, e que as pessoas precisavam usar toda a sua força de vontade para resistir a eles.

Em seguida, os estudantes foram levados a outra sala e receberam quebra-cabeças para resolver. Os alunos pensavam que se tratava de um teste de inteligência, mas, na realidade, os quebra-cabeças eram insolúveis. Na verdade, o objetivo do teste era ver por quanto tempo os participantes trabalhariam neles antes de desistir. Essa é a técnica-padrão utilizada há décadas pelos pesquisadores do estresse e outros por ser um indicador confiável de perseverança geral. (Outras pesquisas demonstram que a pessoa que persevera na resolução de problemas insolúveis costuma se dedicar mais à realização de tarefas possíveis.)

Os estudantes que tiveram permissão para comer os biscoitos de chocolate e os doces trabalharam em média 20 minutos nos quebra-cabeças, assim como os alunos do grupo de controle que estavam com fome, mas que não receberam nada para comer. Os comedores de rabanetes, que tinham passado por terríveis tentações, desistiram em menos de oito minutos – uma enorme diferença pelos padrões dos experimentos em laboratório.[34] Eles tinham resistido com sucesso à tentação de biscoitos e doces, porém esse esforço os deixara com menos energia para resolver os quebra-cabeças. No final das contas, a sabedoria popular a respeito da força de vontade parecia estar correta, ao contrário das novas e sofisticadas teorias psicológicas sobre o eu.

A força de vontade era mais do que uma simples metáfora. Havia realmente um tipo de energia mental que garantia autocontrole – e cujo estoque poderia ser consumido quando usado para resistir à tentação. Esse efeito, chamado de "depleção do ego", foi demonstrado em dezenas de estudos envolvendo várias tarefas e tentações.[35] Os experimentos demonstraram consistentemente duas lições:

1) Você tem uma quantia finita de força de vontade que é consumida pelo uso.

2) Você usa o mesmo estoque de força de vontade para todas as tarefas.

É comum pensar que existe um estoque de autocontrole para o trabalho, outro para a dieta, outro para a academia e outro para ser agradável com a sua família. No entanto, o experimento do rabanete mostrou que duas atividades totalmente dissociadas – resistir ao chocolate e trabalhar em quebra-cabeças – consumiam o mesmo estoque de energia, e esse fenômeno tem sido repetidamente demonstrado. Existem conexões ocultas entre as atividades totalmente diferentes que você realiza todos os dias.

Você usa o mesmo estoque de força de vontade para lidar com a frustração do trânsito, a tentação da comida, as discussões no trabalho e a chantagem das crianças. A velha história do trabalhador frustrado que chega em casa e chuta o cachorro está alinhada com as experiências de depleção do ego, embora os trabalhadores modernos não sejam tão cruéis com seus animais de estimação. É mais provável que esbravejem com os seres humanos que moram com eles. Ao avaliar pessoas desde a manhã até a noite, pesquisadores alemães calcularam que um indivíduo normalmente gasta de três a quatro horas por dia resistindo a desejos[36] – o desejo de comer, de não fazer nada, de dizer a verdade ao chefe sobre seu novo projeto. Todos esses atos de autocontrole reduzem a sua força de vontade.

Há também outro fator importante que gasta a força de vontade, conforme descoberto pelo laboratório de Baumeister. Após o primeiro experimento com biscoitos e rabanetes, uma jovem colega do laboratório, Jean Twenge, chegou ao trabalho certo dia, após ter passado horas com seu noivo tratando dos detalhes do casamento, totalmente exausta; e isso deu aos pesquisadores uma ideia, que eles decidiram pôr em prática com os clientes de uma loja de shopping e no site da Dell.[37] Como de praxe, quanto mais decisões os clientes tomavam, menos força de vontade tinham para resolver problemas e outras tarefas. Tomar decisões consumia o mesmo estoque de energia mental usado para resistir a tentações, levando a uma condição que foi chamada de "fadiga de decisão".

Assim que começa a "fadiga de decisão", o cérebro busca atalhos de duas formas muito distintas. Uma delas é se tornar imprudente: agir por impulso em vez de, primeiro, gastar energias refletindo sobre as consequências. O outro é o que mais poupa energia: não fazer nada. Postergar a decisão. Isso reduz a pressão mental do momento, mas pode custar caro no longo prazo, como os pesquisadores demonstraram com um estudo observando clientes escolhendo opcionais para seus carros em uma revenda alemã.[38] Os compradores – e eram clientes de verdade, gastando seu próprio dinheiro – tinham de escolher, por exemplo, entre quatro estilos de alavancas de câmbio, 13 tipos de pneus e aros, 25 configurações de motor e caixa de câmbio, e uma paleta de 56 diferentes cores para o interior do carro.

No início do processo, os clientes pesavam cuidadosamente as opções; mas, à medida que a fadiga de decisão se instalava, passavam a aceitar qualquer padrão sugerido pelo vendedor. E quanto mais difíceis as opções que encaravam no início do processo – como avaliar as 56 cores para escolher o tom de cinza ou marrom para o interior do veículo –, mais rápido as pessoas ficavam cansadas e seguiam o caminho de menor resistência ao optar pelo padrão. Ao manipular a ordem das opções dos clientes, os pesquisadores concluíram que eles acabavam aceitando qualquer opção, e a diferença média equivalia a mais de € 1.500 (cerca de US$ 2 mil na época). O fato de o cliente pagar um pouco mais por um aro diferente, ou muito mais por um motor mais potente dependia de quando a opção era oferecida (cedo ou tarde), e de quanta força de vontade ainda lhe restava.

Enquanto observavam os efeitos da redução da força de vontade, os pesquisadores tentavam descobrir o que estava ocorrendo no cérebro. A resposta surgiu inesperadamente em uma experiência que tinha sido projetada para testar uma ideia totalmente diferente chamada de teoria do

Mardi Gras [um tipo de Carnaval, realizado em Nova Orleans] – a noção de que você poderia fazer crescer o estoque de força de vontade ao presentear a si próprio, como ocorre no Mardi Gras [Carnaval] antes dos rigores da Quaresma. Em lugar do café da manhã da terça-feira gorda, os cozinheiros do laboratório de Baumeister prepararam deliciosos *milk-shakes* para um grupo de voluntárias que descansavam entre duas tarefas de laboratório que exigiam força de vontade. Sem dúvida, os *milk-shakes* pareciam fortalecer a força de vontade, já que faziam as pessoas se saírem melhor do que o esperado na tarefa seguinte. Até aqui, tudo bem.

No entanto, a experiência também contava com um grupo de voluntários que teve de tomar uma bebida sem gosto feita com iogurte de baunilha e leite desnatado. Embora não tivesse gerado neles nenhum prazer, a gororoba produziu melhoras similares no autocontrole. A teoria do Mardi Gras parecia errada. Além de, infelizmente, eliminar a desculpa para que as pessoas "botassem para quebrar" nas ruas de Nova Orleans, o resultado foi vergonhoso para os pesquisadores. Matthew Gailliot, o aluno de pós-graduação que conduzira a pesquisa, olhava com tristeza para seus sapatos ao comunicar a Baumeister o fiasco.

Baumeister tentou ser otimista. Talvez a pesquisa não tivesse sido um fracasso. Algo *ocorrera*, afinal. Mesmo aquela gororoba ajudara, mas como? Se não era o prazer, a explicação poderia estar nas calorias? Em um primeiro momento, a ideia pareceu um tanto maluca. Por décadas, psicólogos vinham estudando o desempenho de tarefas mentais sem se preocupar se ele era afetado por um biscoito ou um copo de leite. Eles preferiam ver a mente humana como um computador, focando na maneira como ela processava as informações. Na ânsia de mapear o equivalente humano aos chips e circuitos de um computador, a maioria dos psicólogos negligenciou uma parte trivial, porém essencial da máquina: o cabo de alimentação.

Para estabelecer causa e efeito, os pesquisadores tentaram recarregar o cérebro em uma série de experimentos envolvendo limonada misturada com açúcar ou adoçante dietético.[39] Repetidamente, o açúcar aumentava o autocontrole, enquanto o adoçante não surtia nenhum efeito. Apenas o açúcar fornecia a glicose necessária para reabastecer o estoque cerebral de força de vontade. Os pesquisadores usaram a bebida açucarada porque produzia efeitos rápidos no laboratório, mas não a recomendavam para uso diário, já que o açúcar produz um ciclo de queima rápida de glicose. O corpo converte todos os tipos de alimento em glicose, e é mais fácil manter o autocontrole ao ingerir alimentos que a liberam de forma mais lenta e consistente (como vegetais e nozes).

Enquanto estudavam os efeitos da depleção do ego, os pesquisadores começaram a pensar na força de vontade como um músculo que fatigava conforme era usado. Mas, assim como um músculo, poderia ela ser fortalecida a longo prazo por meio do exercício? Eles sabiam que uma pequena dose de glicose fortalecia temporariamente a força de vontade. Agora, havia alguma forma de fortalecer gradualmente sua resistência ao longo do tempo? Existia algo como a noção vitoriana de "formação de caráter", ou das tabelas e dos exercícios semanais de Benjamin Franklin, para fortalecer a autodisciplina? Parecia improvável, até que ocorreu um outro feliz acidente no laboratório de Baumeister.

FORMAÇÃO DE CARÁTER

Quando se propôs a melhorar a força de vontade das pessoas, a equipe de Baumeister decidiu tentar diversas estratégias.[40] Após conduzir um teste inicial da força de vontade dos alunos em algumas tarefas no laboratório, os pesquisadores deram-lhes instruções variadas. Um grupo foi instruído a trabalhar na postura pelas duas semanas seguintes. Sempre que lembrassem, deveriam corrigir sua postura, de pé ou sentados. Como a maioria dos alunos costumava adotar uma postura "relaxada", viam-se obrigados a despender energia para corrigir sua reação habitual. Um segundo grupo foi usado para testar a noção de que a força de vontade era cansativa por demandar energia para ser monitorada (como no caso de Jefferson e o controle de seus gastos). Esses alunos tinham que registrar tudo que comessem nas duas semanas seguintes. Eles não precisavam mudar sua dieta, embora fosse possível que alguns deles viessem a sentir vergonha de seus hábitos alimentares e a fazer alguns pequenos ajustes. (*Hmm, segunda-feira, pizza e cerveja. Terça, pizza e vinho. Quarta, cachorro-quente e Coca-Cola. Talvez eu causasse melhor impressão se comesse às vezes uma salada ou uma maçã.*) Um terceiro grupo foi usado para verificar os efeitos da alteração do estado mental. Os membros desse grupo foram instruídos a buscar emoções e estados de espírito positivos durante as duas semanas seguintes. Sempre que se sentissem melancólicos, deveriam se esforçar para se animar. Sentindo um vencedor potencial, os pesquisadores decidiram tornar esse grupo duas vezes maior do que os outros dois, de modo a obter resultados estatisticamente mais confiáveis.

No entanto, o palpite dos pesquisadores estava totalmente errado. A sua estratégia favorita se provou inútil. O maior grupo, que praticou o controle de emoções por duas semanas, não mostrou melhorias quando os alunos voltaram ao laboratório e repetiram os testes de autocontrole. Analisando agora, esse fracasso parece menos surpreendente do que pareceu na época. A regulação da emoção não depende da força de vontade. As pessoas não podem se obrigar a ficar apaixonadas, sentir alegria ou deixar de se sentir culpadas. O controle da emoção normalmente se vale de vários truques sutis, entre eles mudar a maneira como pensamos sobre um problema, ou nos distrairmos com outra coisa. Por isso, praticar o controle emocional não fortalece sua força de vontade.

Não obstante, outros exercícios ajudam, conforme demonstrado pelos grupos que trabalharam a postura e registraram tudo o que comeram. Quando retornaram ao laboratório, suas pontuações nos testes de autocontrole tinham aumentado de forma significativamente maior em comparação ao de um grupo de controle (que não fizera nenhum tipo de exercício durante as duas semanas anteriores). Esse foi um resultado impressionante, e à luz da análise criteriosa dos dados, as conclusões ficaram mais claras e evidentes. Inesperadamente, os melhores resultados vieram do grupo que trabalhara a postura. Aquele velho conselho "sente-se direito" era mais útil do que muitos poderiam ter imaginado. Ao corrigir o hábito da má postura, os alunos intensificaram sua força de vontade, e obtiveram melhor desempenho em tarefas que nada tinham a ver com postura. A evolução foi mais pronunciada entre os alunos que seguiram o conselho de forma mais diligente (como medido pela frequência de seus registros diários de correção de postura).

O experimento também revelou uma importante distinção no autocontrole entre dois tipos de força: a força de vontade e a resistência. Na primeira sessão de laboratório, os participantes começaram apertando um exercitador de mão (acionado por mola) durante o máximo de tempo que conseguissem (o que outros experimentos haviam demonstrado ser uma boa medida da força de vontade, e não apenas da força física). Então, após gastar energia mental em outra tarefa, eles realizaram um segundo teste com o exercitador a fim de avaliar como se sairiam com a força de vontade exaurida. Duas semanas depois, ao retornarem ao laboratório após trabalhar a postura, os resultados dos testes iniciais não mostraram nenhuma melhora, isto é, o músculo da força de vontade não ficara mais forte. Porém, os participantes tinham se tornado muito mais resistentes, como evidenciado pelo desempenho superior no teste com o exercitador de mão, após os pesquisadores terem tentado fatigá-los. Graças aos exercícios de postura, sua força de vontade não fora depletada tão rapidamente quanto antes, de modo que tinham mais resistência para realizar outras tarefas.

Você poderia testar a experiência de duas semanas da postura para melhorar sua força de vontade, ou outros exercícios. Não há nada mágico a respeito de sentar-se ereto, como os pesquisadores descobriram posteriormente ao testar outros métodos semelhantes. Você pode escolher entre as técnicas que eles estudaram ou criar o seu próprio sistema. O segredo é focar na mudança de um comportamento habitual. Se você é destro, experimente usar a mão esquerda para escovar os dentes, usar o mouse, abrir portas ou lavar a louça. Você poderia tentar mudar seus hábitos de fala, forçando-se a falar apenas por meio de frases completas, evitando dizer "sim" ou "tá bom" para tudo.

Ou você poderia simplesmente melhorar o seu autocontrole em um aspecto de sua vida, como alunos fizeram em um experimento na Austrália.[41] Os pesquisadores Meg Oaten e Ken Cheng ofereceram orientação para diversos tipos de aprimoramento pessoal. Um grupo de alunos foi matriculado em uma academia e recebeu um programa completo de exercícios. Outro foi orientado para melhorar seus hábitos de estudo. Outro ainda focou na gestão financeira, criando um orçamento e controlando seus gastos. Todos os alunos regressavam ao laboratório de tempos em tempos para um exercício que parecia irrelevante para seus programas de aprimoramento: identificar padrões em uma tela de computador enquanto exerciam o autocontrole para evitar uma distração próxima (um vídeo de comédia passando na televisão). Com o passar das semanas, os alunos ficaram progressivamente melhores em ignorar a tentação da comédia. Eles também progrediram muito em suas metas particulares. Aqueles no programa da academia ficaram mais saudáveis; aqueles trabalhando na disciplina de estudos conseguiram cumprir mais tarefas; e aqueles no programa de gestão financeira pouparam mais dinheiro.

Mas – e essa foi uma surpresa muito agradável – todos se tornaram melhores em outras coisas. Os alunos que fizeram o programa de disciplina nos estudos relataram se exercitar mais e gastar melhor. Aqueles nos programas de saúde física e gestão financeira estudaram de forma mais diligente. Exercitar o autocontrole em uma área parecia melhorar todas as áreas da vida. Eles fumavam e bebiam menos. Mantinham a casa organizada. Lavavam a louça, em vez de deixá-la na pia. Lavavam a roupa, em vez de largá-la na máquina. Procrastinavam menos. Realizavam suas tarefas primeiro, em vez de assistir à televisão ou sair com amigos.

Ao trabalhar o músculo da força de vontade, os participantes alcançaram o objetivo vitoriano de formação do caráter. Os vitorianos tinham uma reputação de repressão – e eram bem singulares quando o assunto era sexo –, mas entendiam que o autocontrole é uma forma de libertação. Por isso ele é uma virtude humana quintessencial. Ao ser capaz de resistir a impulsos imediatos, você é livre para planejar o seu futuro – e viver em uma sociedade onde seus vizinhos são livres para planejar o deles.

A SOCIEDADE LIVRE E SEUS AMIGOS

Enquanto psicólogos identificavam os benefícios do autocontrole, antropólogos e neurocientistas buscavam entender a sua evolução. O cérebro humano se distingue por seus amplos e elaborados lobos frontais, o que confere a nós o que há muito se considera uma vantagem evolucionária crucial: a inteligência para resolver problemas no ambiente. Afinal, um animal pensante poderia supostamente sobreviver e se reproduzir melhor do que outro puramente instintivo. No entanto, cérebros grandes requerem muita energia. O cérebro humano adulto constitui 2% do corpo, mas consome mais de 20% de sua energia. A massa cinzenta adicional só é útil se permitir que o animal obtenha calorias para fazê-la funcionar, e cientistas não entendiam como o cérebro "pagava" o seu consumo. O que, exatamente, fazia cérebros maiores, com lobos frontais poderosos, serem priorizados no *pool* genético?

Uma das primeiras explicações para o cérebro grande envolveu bananas e outras frutas altamente calóricas. Animais que pastam na relva não precisam pensar muito sobre onde encontrar a refeição seguinte. Mas uma bananeira com bananas maduras na semana passada pode não ter mais bananas hoje, ou só bananas podres. O comedor de bananas precisa de um cérebro maior para se lembrar de onde estão as bananas, e esse cérebro poderia ser "energizado" por todas as calorias da fruta; logo, a "teoria do cérebro buscador de frutas" fazia muito sentido – mas somente na teoria. O antropólogo Robin Dunbar não encontrou nenhuma evidência que a respaldasse em seus estudos sobre o cérebro e as dietas de diferentes animais. O tamanho do cérebro não tinha correlação com o tipo de alimentação.

No final, Dunbar concluiu que o cérebro avantajado não evoluía para lidar com o ambiente físico, mas para algo ainda mais crucial para a sobrevivência: a vida social.[42] Animais com cérebros avantajados estabeleciam redes sociais mais amplas e complexas. Essa constatação sugeria uma nova maneira de entender o *Homo sapiens*. Nós, os seres humanos, somos os primatas com os maiores lobos frontais porque temos os maiores agrupamentos sociais, o que, teoricamente, explica a nossa maior necessidade de autocontrole. É comum pensar na força de vontade como uma força para o aperfeiçoamento pessoal – seguir uma dieta, finalizar um trabalho no prazo, sair para correr, parar de fumar –, mas essa provavelmente não é a razão principal porque ela se desenvolveu com tamanha plenitude em nossos ancestrais.

Os primatas são seres sociais que precisam se controlar para conviver com o resto do grupo. Eles dependem uns dos outros para obter o alimento de que precisam para sobreviver. Quando o alimento é compartilhado, normalmente é o macho maior e mais forte que escolhe primeiro o que comer, enquanto os outros esperam sua vez, de acordo com seu *status*. Para que os animais sobrevivam nesse grupo sem ser agredidos, devem reprimir seu impulso de comer imediatamente. Chimpanzés e macacos não poderiam se alimentar de forma pacífica se tivessem cérebros de esquilos: é provável que gastassem mais energia brigando que comendo.

Embora outros primatas tenham o poder mental para exibir algum tipo de etiqueta rudimentar nas refeições, o autocontrole deles é ainda bem pequeno comparado aos padrões humanos. Especialistas afirmam que os primatas não humanos mais espertos podem projetar mentalmente 20 minutos no futuro – o bastante para que o macho alfa se alimente, mas não o bastante para planejar muito além do jantar.[43] (Alguns animais, como os esquilos, enterram instintivamente a comida e desenterram posteriormente, mas esses são comportamentos programados, e não um plano consciente de "poupança".) Em um experimento, os macacos que eram alimentados uma vez por dia, ao meio-dia, não aprenderam a guardar comida para o dia seguinte. Mesmo que pudessem comer o quanto quisessem durante a refeição, eles comiam apenas o suficiente, ignorando o resto ou desperdiçando com guerras de comida. Eles acordavam famintos todas as manhãs porque nunca lhes ocorria guardar um pouco para o jantar ou o café da manhã do dia seguinte.

Os humanos agem diferente graças ao grande cérebro que se desenvolveu em nossos ancestrais *Homo* há 2 milhões de anos. Boa parte do autocontrole opera inconscientemente. Em um almoço de negócios, você não precisa se controlar conscientemente para não comer a carne do prato do seu chefe.

O seu cérebro inconsciente o ajuda a todo momento a evitar o desastre social, e opera de tantas formas sutis e poderosas que alguns psicólogos passaram a vê-lo como o dono das ações. Esse fascínio pelos processos inconscientes surge de um erro fundamental dos pesquisadores que insistem em fatiar o comportamento em pedaços cada vez menores, identificando reações que ocorrem mais rápido do que a mente consciente pode coordenar. Se você analisar a causa de algum movimento em um intervalo de tempo de milissegundos, a causa imediata será o disparo de algumas células nervosas que conectam o cérebro aos músculos. Não há consciência nesse processo. Ninguém está ciente do disparo das células nervosas.

Contudo, a vontade é encontrada na conexão de unidades ao longo do tempo.[44] Envolve tratar a situação atual como parte de um padrão geral.[45] Fumar um cigarro não prejudicará sua saúde. Usar heroína uma vez na vida não o tornará um viciado. Um pedaço de bolo não fará de você uma pessoa gorda, e não cumprir uma tarefa não arruinará sua carreira. Porém, a fim de se manter saudável e empregado, você deveria tratar (quase) todo episódio como uma reflexão acerca da necessidade geral de resistir a essas tentações. É aqui que o autocontrole consciente entra em cena, e é por isso que ele define a diferença entre sucesso e fracasso em quase todos os aspectos da vida, como tem sido reportado em sucessivos estudos.

No ambiente de trabalho, gerentes com níveis maiores de autocontrole costumam ser avaliados mais favoravelmente tanto por seus subordinados como por seus colegas. Indivíduos com bom autocontrole parecem excepcionalmente bons em formar e manter relacionamentos seguros e satisfatórios com outros; eles se mostram melhores em simpatizar com os demais e seus pontos de vista; são mais estáveis emocionalmente, e menos suscetíveis à ansiedade, depressão, paranoia, psicose, comportamento obsessivo-compulsivo, distúrbios alimentares, problemas de alcoolismo e outras moléstias. Eles se enfurecem com menos frequência, e quando isso acontece, é menos provável que se tornem verbal ou fisicamente agressivos. Enquanto isso, pessoas com baixo nível de autocontrole mostram maior probabilidade de bater em seus cônjuges ou cometer uma variedade de outros crimes – repetidamente, como demonstrado por June Tangney, que trabalhou com

Baumeister para desenvolver a escala de autocontrole dos testes de personalidade. Ao testar prisioneiros e acompanhá-los por anos depois de sua soltura, ela concluiu que aqueles com baixo autocontrole tinham chances maiores de cometer novos crimes e voltar à prisão.[46]

A evidência mais forte até hoje foi publicada em 2011. Em um estudo detalhado de longo prazo, mais amplo e completo do que os anteriores, uma equipe internacional de pesquisadores acompanhou mil crianças na Nova Zelândia, do nascimento até a idade de 32 anos.[47] O autocontrole de cada uma foi medido de diversas formas (através de observações dos pesquisadores, assim como de relatos de problemas vindos dos pais, professores e das próprias crianças). Tal estudo produziu uma avaliação especialmente confiável do autocontrole das crianças, e os pesquisadores foram capazes de compará-lo através de uma vasta gama de resultados ao longo da adolescência e idade adulta. Crianças com maior autocontrole se tornaram adultos com melhor saúde física, incluindo índices menores de obesidade, menos doenças sexualmente transmissíveis, e até dentes mais saudáveis. (Aparentemente, um bom autocontrole inclui passar o fio dental e escovar os dentes.) O autocontrole era irrelevante para a depressão na fase adulta, mas a sua falta tornava as pessoas mais suscetíveis a problemas com drogas ou alcoolismo.

Crianças com baixo autocontrole tendiam a ser financeiramente mais pobres. Trabalhavam em empregos de baixa remuneração, quase não guardavam dinheiro e apresentavam menor probabilidade de ter uma casa própria ou poupar para a aposentadoria. Na idade adulta, a tendência era de que se separassem mais e tivessem filhos criados em famílias monoparentais, presumivelmente por terem maior dificuldade para se adaptar à disciplina exigida para um relacionamento de longo prazo. Crianças com um autocontrole adequado tinham mais chances de ter um casamento saudável, criando seus filhos em famílias biparentais. Por fim, mas não menos importante, crianças com menos autocontrole tinham mais chances de acabar atrás das grades. Entre aquelas com os menores níveis de autocontrole, mais de 40% tiveram ficha criminal até seus 32 anos, comparado com apenas 12% de pessoas com autocontrole adequado durante a sua juventude.

Não surpreende que algumas daquelas diferenças tivessem correlação com a inteligência, classe social ou raça, mas todos os resultados permaneciam consistentes, mesmo depois de contabilizar esses fatores. Em um estudo subsequente, os mesmos pesquisadores analisaram irmãos e irmãs das mesmas famílias a fim de comparar crianças que cresceram nos mesmos lares. Novamente, o irmão com menor autocontrole durante a infância se saiu pior na fase adulta: mais doente, pobre, ou com uma chance maior de ser preso. Os resultados não poderiam ser mais claros: o autocontrole é uma força vital e chave para o sucesso na vida.

A redescoberta do autocontrole renovou algumas noções vitorianas, o que levou os pesquisadores a reexaminar suas próprias suposições "progressistas". Os progressistas originais do século XX vislumbravam uma nação guiada por especialistas que usariam princípios científicos para moldar um novo tipo de sociedade. Acreditavam que o futuro pertencia aos países que enfatizavam a responsabilidade coletiva, e não a individual. Muitos cientistas sociais seguiram esse projeto com entusiasmo – afinal, eram especialistas certificados em modelar o comportamento humano. Foram eles que forneceram a racionalização para o movimento proibicionista, e após essa reforma fracassar, continuaram a buscar formas de regular o resto do país. O crescente Estado babá ditava quais vícios eram legais, quais tentações poderiam ser divulgadas, quais remédios poderiam ser vendidos, quais alimentos eram permitidos, quais bebidas adocicadas eram tabu (qualquer coisa com mais de 450 ml na cidade de Nova York).

Críticos dessas políticas progressistas foram rejeitados como dinossauros pré-científicos – ou pior. Cientistas sociais transformaram a rejeição das metas progressistas e o respeito às tradições em um tipo de patologia que denominaram "conservadorismo". Pessoas que acreditavam nas noções tradicionais de responsabilidade individual eram, na melhor das hipóteses, ingênuas; na pior, opressoras. Psicólogos relatavam que os identificados como conservadores eram autoritários, não científicos, dogmáticos e hostis a novas ideias.[48] Sua ênfase no individual sobre o coletivo era considerada uma estratégia para preservar o *status quo* na hierarquia. Em 2004, quando pesquisadores notaram que os estudantes conservadores obtinham notas melhores em Economia do que os progressistas, a explicação pareceu óbvia: os conservadores estavam preservando as posições de privilégio de sua classe.[49] "Disciplinas acadêmicas que possibilitam acesso futuro ao poder econômico e social tendem a favorecer indivíduos que têm atitudes que fortalecem a ordem social existente", escreveram os pesquisadores. Eles não podiam explicar exatamente como os alunos conservadores obtinham notas maiores, mas ficava claro que os departamentos de Economia perpetuavam o sistema opressor de classes nos Estados Unidos ao "criar uma vantagem diferencial para indivíduos que esperavam manter um sistema de hierarquia social baseada em grupos".

Uma década depois, outros cientistas sociais analisaram as diferenças entre estudantes conservadores e liberais.[50] Nessa ocasião, em vez de teorizar sobre o patriarcado racista, eles testaram a habilidade dos estudantes de se concentrar em tarefas mentais. Ocorre que os conservadores tinham maior autocontrole que os progressistas, conclusão essa que oferece uma explicação muito mais direta para suas notas. Além disso, ajuda a explicar suas crenças políticas conservadoras. Aqueles que acreditam no autocontrole individual não buscam automaticamente a proteção do Estado, seja para si ou para seus vizinhos. Em vez disso, concentram-se em sua própria autodisciplina ao usar as mesmas estratégias básicas empregadas por Thomas Jefferson e Benjamin Franklin.

O primeiro passo para aumentar o autocontrole é definir uma meta. No entanto, quase todos nós sofremos do que os psicólogos chamam de "falácia do planejamento": subestimamos com frequência a duração de uma tarefa. Um projeto normalmente leva o dobro do tempo previsto, ou até mais. É por isso que as pessoas costumam estabelecer mais metas para uma semana do que poderiam possivelmente cumprir em um mês. É melhor escolher poucos objetivos importantes – talvez apenas um por semana –, e então monitorar cuidadosamente o seu progresso. Monitorar o progresso é tão importante quanto definir uma meta. É essencial para qualquer tipo de autocontrole. Se você deseja cortar seus gastos, contabilize-os semanalmente. Se quiser perder peso, suba na balança diariamente – essa é uma das poucas formas clinicamente provadas de perder peso.[51]

Outra estratégia essencial, que Baumeister chama de "partir para a ofensiva", surgiu de um estudo que monitorava pessoas autodisciplinadas ao longo do dia.[52] Os pesquisadores pensavam que elas usavam a força de vontade para superar tentações. Todavia, no final das contas, essas pessoas usavam sua força de vontade *menos* do que a média – o que deixou os pesquisadores confusos, até que eles descobriram seu segredo: elas estruturavam suas vidas para minimizar tentações. Mantinham-se longe de restaurantes. Não tinham potes de doces ou sorvete em casa. Se queriam focar em um projeto, desligavam suas notificações de e-mail. Elas conservavam seu limitado estoque de força de vontade para utilizá-lo apenas em emergências ou decisões importantes. Jogavam no ataque, e não na defesa, e prosperavam como resultado.

A força de vontade é vital para qualquer tipo de sucesso pessoal, mas, em última instância, o autocontrole é muito mais do que mera autoajuda. De todos os benefícios demonstrados pelas experiências de Baumeister, um dos mais efetivos é este: pessoas com maior força de vontade são mais altruístas,[53] costumam doar mais à caridade, fazer trabalho voluntário e oferecer suas próprias casas como abrigo para alguém sem um lugar para ficar. A força de vontade evoluiu por ser essencial para o bom relacionamento de nossos ancestrais com o resto do clã, e continua a servir o mesmo propósito. A disciplina interna ainda leva à gentileza para com os outros.

A concepção de liberdade individual dos fundadores dos EUA pode parecer ultrapassada para aqueles que pedem proteção do Estado à população com pouca força de vontade contra novas ameaças e tentações. Mas a redescoberta da força de vontade oferece uma visão alternativa: uma sociedade em que indivíduos têm cérebros e a força para lidar com novos problemas. Nossa força de vontade nos tornou as criaturas mais adaptáveis do planeta, e estamos redescobrindo como usá-la em benefício mútuo. Estamos aprendendo, novamente, que a força de vontade é uma virtude que diferencia nossa espécie das outras, e que nos torna livres como indivíduos.

3

VIDA NO ESTADO DE BEM-ESTAR:
COMO O ASSISTENCIALISMO
IMPACTA SEUS BENEFICIÁRIOS

Por Lisa Conyers

Como é a vida quando a responsabilidade pelo bem-estar do indivíduo foi assumida pelo Estado? De quanta liberdade o indivíduo desfruta quando submetido a teste de drogas, controles sobre o consumo de álcool ou testes compulsórios de maternidade? Qual é o impacto sobre a busca da felicidade quando ela é amplamente pautada por imperativos burocráticos? Lisa Conyers é diretora de estudos políticos para o DKT Liberty Project e coautora, com Phil Harvey, de The Human Cost of Welfare: How the System Hurts the People It's Supposed to Help (Santa Bárbara: Praeger, 2016), em que ela entrevistou profissionais de saúde e homens e mulheres dependentes da seguridade social ao redor dos Estados Unidos nas ruas, lavanderias, abrigos, estações de ônibus, favelas e reservas indígenas.

NO FINAL DA DÉCADA DE 1980 E INÍCIO DA DÉCADA DE 1990, e novamente de 2012 a 2014, viajei pelos Estados Unidos entrevistando uma ampla amostragem de pessoas que dependiam de programas específicos de assistência pública, também chamados de programas de "bem-estar social". Minha meta era descobrir se depender do assistencialismo impactava a liberdade dos beneficiários na busca da felicidade, e se eliminar a responsabilidade por seu próprio sustento mudava a percepção das pessoas sobre suas próprias vidas. Era possível ser feliz sem contribuir para a sua própria sobrevivência?

O que dizer sobre a relação crucial entre liberdade e responsabilidade? O que acontece quando as pessoas renunciam à sua liberdade em troca de uma vida controlada por burocracias sem rosto? Perdem seu senso de responsabilidade pessoal? Perdem de vista como é ser livre e o que isso significa?

É claro, viver da assistência envolve algumas responsabilidades, incluindo a papelada necessária para se qualificar nos mais diversos programas federais, estaduais e municipais de auxílio público. No entanto, esse tipo de trabalho não contribui para a riqueza, as habilidades e a autoestima dos beneficiários.

Enquanto aprendia sobre as relações entre assistência social e trabalho, entre liberdade e felicidade, o que mais me surpreendeu foram as diversas formas como o assistencialismo gera um efeito contrário ao pretendido, prejudicando aqueles que supostamente deveria ajudar. Dentre os aspectos mais revoltantes dessa dependência está a tendência de manter as pessoas na pobreza (e, às vezes, a empobrecê-las ainda mais); de ver a conquista de um emprego como um prejuízo, e não uma recompensa; e, talvez mais doloroso, de aplicar um duro golpe nos sentimentos de autoestima e dignidade do indivíduo, gerando o senso de perda do controle sobre sua própria vida e destino.

O que segue é um resumo das muitas formas pelas quais usurpar a responsabilidade das pessoas por seu próprio bem-estar, tornando-as dependentes do governo, afeta suas vidas. Antes, todavia, analiso brevemente como os norte-americanos chegaram a ter um estado assistencialista tão grande, e como ele manipula aqueles que se tornaram suas vítimas.

UMA BREVE HISTÓRIA DO ESTADO DE BEM-ESTAR

No início dos anos 1960, antes do lançamento da "guerra contra a pobreza" do presidente Lyndon Johnson, os norte-americanos gastavam 6% do PIB em programas de bem-estar mediante comprovação de renda;[54] hoje, gastam quase 14,5%.[55] Em 1965, quando a "guerra" foi lançada, 20% da população – cerca de 39 milhões de norte-americanos – era considerada pobre.[56] Hoje, menos de 14% se encaixam nessa estatística; uma melhoria significativa, mas ainda restam 44 milhões na pobreza.[57] Além disso, cerca de US$ 700 bilhões do orçamento federal de US$ 3,5 trilhões é gasto em programas para os pobres.[58] Os benefícios concedidos custam US$ 10 mil por ano ao contribuinte médio.[59] Hoje, um em cada cinco norte-americanos depende de pelo menos uma forma de assistência pública. Cerca de 46 milhões de cidadãos, quase um em seis, vivem de vale-alimentação.[60]

A "guerra" de Johnson exigia uma definição de pobreza para determinar quem se qualificaria para os benefícios. Desde 1965, ela tinha sido definida como um padrão de vida abaixo de uma "linha de pobreza" determinada pelo governo federal. Seu cálculo é feito pelo Department of Health and Human Services, e equivale a três vezes o custo anual de uma dieta americana adequada.[61] Em outras palavras, você é oficialmente pobre se sua renda é três vezes ou menos o custo anual dessa dieta. Essa fórmula não mudou em 50 anos. Em 1965, a linha de pobreza era de US$ 2 mil (US$ 11.600 na cotação atual do dólar ajustada pela inflação).[62] Em 2015, a linha de pobreza é quase a mesma: US$ 11.770.[63] Até 2008, caso sua renda fosse igual ou inferior a isso, você era considerado pobre, portanto, elegível para os benefícios.

Mas em 2008, com a aprovação do American Recovery and Reinvestment Act (ARRA, a resposta federal à recessão de 2008), o governo federal injetou bilhões de dólares na economia dos EUA para supostamente evitar uma nova Grande Depressão. Dentre suas metas, ele estendeu os benefícios assistencialistas a pessoas com rendas que superavam em 400% a linha de pobreza oficial,[64] o que resultou em um aumento gigantesco nos gastos de assistência social. Hoje, os programas assistencialistas americanos não atendem apenas os pobres, mas também a classe média.

Em um artigo recente da revista *National Affairs,* Daniel Armor e Sonia Sousa escreveram:

> Hoje, mais da metade dos benefícios concedidos via programas "de combate à pobreza" são destinados a pessoas acima da linha de pobreza definida pelo próprio US Census Bureau [agência governamental semelhante ao IBGE]. Como resultado, os nossos programas contra a pobreza – outrora justificados e defendidos como uma rede de proteção para os norte-americanos em dificuldade – existem, cada vez mais, para financiar a vida da classe média.[65]

Enquanto isso, os que vivem na extrema pobreza, definida como renda igual ou inferior a 50% da linha de pobreza, viram uma queda recente no valor de seus benefícios. Então, enquanto a classe média se beneficia de programas designados para ajudar os pobres, os mais necessitados recebem cada vez menos.[66]

É bem verdade que houve queda no nível de privação material dos mais necessitados. Hoje, a maioria das famílias pobres dispõe de micro-ondas, carro, TV a cabo, e algumas até de ar-condicionado e computadores pessoais – uma realidade muito distante da miséria retratada no famoso artigo sobre a pobreza nos Apalaches[67] (*Time,* 1964), creditado por inspirar Johnson a lançar sua "guerra contra a pobreza". Os pobres de hoje são mais ricos que os pobres do passado; sua condição material melhorou de forma considerável, seja por transferências de renda ou pelo aumento da prosperidade geral. No entanto, as taxas de pobreza continuam altas. Como Michael Tanner, do Cato Institute, destacou recentemente:

> A linha de pobreza segue constante há mais de 50 anos, sugerindo que o sistema assistencialista fez pouco para tirar os pobres dessa condição. Em resumo, nossos programas assistencialistas não estão combatendo a pobreza ao ajudar os pobres a ascender à classe média por meio do trabalho e da formação; estão, sim, meramente tornando mais palatável a terrível situação de viver na pobreza. Nós jogamos a corda, mas não os puxamos para o barco. Com efeito, estamos criando e perpetuando uma classe de dependentes.[68]

Em outras palavras, tornamos a pobreza menos desconfortável para os pobres – uma realização notável –, mas não estamos resolvendo o problema.

COMO O ESTADO DE BEM-ESTAR FUNCIONA

Primeiro, nosso sistema assistencialista empobrece as pessoas, a fim de que possam ser elegíveis para os benefícios. Tornar-se elegível significa reduzir ativos e economias, e isso inclui carros, um ponto profundamente problemático. Deslocar-se, marcar compromissos e mantê-los – nossa vida depende do transporte, especialmente de nosso carro particular. Mesmo assim, a propriedade de veículos é difícil para quem depende da assistência.

"Quando fui solicitar o vale-alimentação, tive que compartilhar todos os meus extratos bancários e contracheques, bem como informações sobre minhas economias, contas, carro – enfim, detalhar cada centavo", disse Ken, o cozinheiro em um centro comercial na periferia de Los Angeles que está preparando o meu almoço. O restaurante está meio parado, então ele concorda em conversar enquanto limpa as migalhas do balcão.

"Eu tinha um carro popular que valia US\$ 4 mil. Eles me disseram que, se eu quisesse ter acesso ao vale-alimentação, teria de vendê-lo. O valor total de meus ativos não poderia ultrapassar US\$ 2 mil. Eu precisava vendê-lo, gastar o dinheiro e, só então, me tornaria elegível. Eles querem que você chegue lá totalmente miserável – sem economias, sem nada. Essa é a condição."

A experiência de Ken não é incomum. Para se tornar elegível aos benefícios, os solicitantes devem declarar todos os seus ativos. Então, os assistentes sociais aplicam um teste que determina se são pobres o bastante para merecer o auxílio. É justo. Não queremos dar dinheiro para quem tem dinheiro; queremos ajudar os pobres. No entanto, esse sistema empobrece ainda mais os pobres. Eles não podem manter ativos físicos ou economias acima de determinado valor; devem se livrar de ativos que, de outra forma, poderiam usar como caução para empréstimos ou situações de emergência. Isso significa que eles não podem mais lançar mão do plano B; sua rede de segurança agora passa a ser o governo.

Em um verão tórrido no Bronx, entrevistei Shauna, uma jovem mãe de duas crianças. Estávamos sentadas na parada de ônibus, de frente para um parquinho infantil. Garotos adolescentes brincavam de perseguição com uma agilidade surpreendente, uma vez que as luzes da rua estavam queimadas e o parque se mantinha iluminado pelos faróis dos carros que passavam e dos prédios das redondezas. Os gritos foram silenciando com a chegada do anoitecer, até todos voltarem para casa.

Durante sua espera pelo ônibus, Shauna me contou a triste experiência que teve com o carro que herdara de seu avô. "Era um Cadillac, e valia US$ 8 mil. Infelizmente, o vovô deixou o carro em meu nome, entendendo que eu o compartilharia com minhas irmãs – mas isso não funciona. Aos olhos da Previdência Social, eu tinha um ativo que valia US$ 8 mil, e isso me desqualificava para os benefícios – eu estava condenada a perder meu auxílio-moradia, plano de saúde, vale-alimentação, assistência pecuniária... tudo."

Diante disso, suas irmãs e ela venderam o carro e repartiram o valor. Um carro que poderia tê-las levado para escolas, emprego e treinamentos, ou transportado familiares para consultas médicas ou outros compromissos, fora vendido, e o valor, repartido e gasto para que a agência governamental não cortasse os benefícios dela. "Sei lá, posso estar errada, mas minha liberdade parecia uma ameaça para eles, que queriam me condenar a ficar na mesma situação. Então, aqui estou, esperando o ônibus. Perderei uma hora para chegar em casa. De carro, levaria 10 minutos."

O sistema tirou dela o que poderia ter sido um meio para obter algum autocontrole e, talvez, sair da pobreza – um meio para buscar um novo emprego mais distante de casa ou que exigisse carro particular. O sistema empobreceu Ken e Shauna.

Vale notar que alguns programas de assistência dos EUA permitem um carro particular, ou, em alguns casos, elevaram o valor dos ativos, mas não foram todos. Como resultado, ter um carro pode não prejudicar o recebimento dos benefícios de um programa, mas pode desqualificar a pessoa de outros, e entender essas regras é, no mínimo, complexo. Assim que se tornam beneficiários, os cidadãos precisam atualizar seu cadastro com frequência. Isso é válido se o objetivo é usar os dólares da assistência de forma justa, garantindo auxílio aos verdadeiros necessitados. Porém, essa estratégia "tamanho único" pode ter consequências onerosas.

Uma mãe em Seattle, cujos cinco filhos recebem assistência, notou recentemente: "Toda vez que vou à agência, preciso preencher novos formulários. Daí, tenho de cruzar a cidade até outra agência para entregar, por algum motivo desconhecido, a certidão de nascimento de meu filho. Com todos aqueles computadores, sei que não seria difícil para eles atualizar tudo rapidamente. Em vez disso, fico correndo por aí tentando cumprir todas as burocracias".

Pergunto sobre perspectivas de trabalho, e ela responde: "Como posso buscar emprego quando, pelo menos duas vezes por mês, preciso ir até a agência e perder horas na fila só para descobrir a próxima coisa a fazer? Que chefe me contrataria numa situação dessa?".

As regulações não pareceriam tão onerosas se não houvesse tanto em jogo. Deixar de cumprir qualquer regra pode levar à perda dos benefícios, o que, por sua vez, significa voltar ao fim da fila e fazer tudo de novo, o que gera uma lacuna no recebimento dos benefícios. Para quem ocupa a base da pirâmide econômica, ficar um ou dois meses sem benefícios pode ser catastrófico.

Aqueles que mais dependem da assistência têm mais a perder. Se um beneficiário ultrapassa o limite de ativos ou renda, corre o risco de perder todos os benefícios de uma só vez. Esse fenômeno é conhecido como o "precipício da assistência", e faz com que muitas mães simplesmente não busquem emprego. Imagine uma jovem mãe solteira com dois filhos. Ela está desempregada. Vive de aluguel pago com o auxílio-moradia previsto na Seção 8, paga as contas de água e luz com subsídios específicos, tem suas necessidades médicas cobertas pelo Medicaid, obtém medicamentos e suplementos alimentares para ela e seus filhos através do programa WIC [Women, Infants, and Children] e ganha vale-alimentação. Se essa mulher caísse desse "precipício" de repente, teria que ganhar quase US$ 40 mil/ano para substituir a perda dos benefícios. Isso se torna um desincentivo ao trabalho; o risco de perder os benefícios é muito grande. Assim, em vez de ser um caminho para sair da pobreza, o emprego se torna um risco real ao bem-estar dessa mulher e de sua família.

Janie, mãe de três filhos em Chicago, descreveu a situação da seguinte forma: "Visitei minha assistente social para dizer que iria aceitar um trabalho de meio período, e ela me respondeu: 'Não, não, não! Você não pode aceitá-lo. Se aceitar, perderá tudo – sua casa, seus benefícios. É melhor que fique em casa'. Os burocratas querem que você trabalhe, mas quando você consegue um emprego, eles puxam o seu tapete. Você não tem como vencer".

E esse mesmo "precipício" afeta os empregados de baixa renda. Conheci uma enfermeira que trabalhava em um centro comunitário de saúde na zona rural de Washington que me explicou sua situação: "Recebi uma proposta para assumir o cargo de supervisora. Seria maravilhoso para minha carreira. Mas não posso aceitar, já que no momento recebo auxílio-moradia devido à minha baixa renda e número de filhos. Eu perderia esse auxílio, assim como o plano de saúde e o vale-alimentação. Fiz as contas, e o aumento salarial não cobriria o valor dos benefícios perdidos". No caso dela, crescer na carreira era muito arriscado, e ela sairia no prejuízo.

Keith, um jovem que conheci em Nova Orleans, tinha dois empregos de meio período. Ele descreve o que ocorreu quando, por acidente, quebrou uma regra do vale-alimentação: "Meus tios me perguntaram o que eu queria de Natal, e eu respondi que tinha acabado de perder meu colega de quarto, e por isso ia ter de arcar com todas as contas do mês. Assim, pedi a eles se, como presente, poderiam pagá-las. Naquele mês, eles o fizeram. No mês seguinte, eu tive que passar pelo processo de requalificação para o vale-alimentação e, ingenuamente, contei ao assistente social o que ocorrera".

Ele parou, respirou fundo, e seguiu: "É o trabalho deles, eu entendo. Eles decidiram simplesmente tirar meu vale-alimentação; disseram que o presente era um tipo de renda que deveria ser declarado, e que, por causa dele, eu ultrapassara o limite de renda do programa. E, se já não bastasse, tive que devolver o valor do benefício do mês anterior, e só depois de três meses pude recuperar o benefício. Pode até fazer sentido, mas bagunçou muito a minha vida". No caso de Keith, ele estava fazendo o melhor que podia; tinha dois empregos de meio período, sempre em busca de um terceiro, e o vale-alimentação lhe garantia uma refeição decente. Para quem não tem outra renda, tropeços assim podem se tornar buracos sem fundo que os prendem na pobreza absoluta e dos quais é muito difícil sair.

Dora, uma jovem mãe que encontrei na Geórgia enquanto observava um programa de retreinamento para o emprego em uma agência local da Previdência Social, tinha descoberto havia pouco que não poderia mais participar dele por ter uma doença rara e quase sempre fatal: "Eu queria ter entrado lá e dito: 'Aqui, peguem este cheque, não preciso mais dele'. Quero que meus filhos me vejam como uma mãe negra com orgulho, que trabalha e ganha seu sustento. Odeio que me vejam receber esse cheque todo mês. Meu médico me proibiu de trabalhar, e agora me excluíram do programa, mas vou continuar cortando cabelos em casa até ter condições de ficar em pé. Espero que, até lá, tenha ganhado dinheiro suficiente para sair da assistência. Tenho que fazer tudo na informalidade porque dizem que não posso trabalhar, e sei que estou violando a lei, mas anseio pelo dia em que poderei dizer ao meu assistente social: 'Não, obrigada. Não preciso mais disso. Até mais'. Nesse dia vou recuperar minha autoestima, e poderei andar de cabeça erguida, com orgulho. Só espero não morrer antes...".

CUSTOS DE SAÚDE DOS PROGRAMAS DE ASSISTÊNCIA

Não ter trabalho significa tédio, e frequentemente depressão, álcool e drogas. Embora muitos beneficiários da assistência se mantenham ocupados, muitos não o fazem. Diversas mães que conheci em um parque local no Harlem descreveram a sua rotina. "Saímos com nossos amigos. Comemos. Bebemos", disse uma delas. "Então, saímos para outro lugar...".

Outra complementou: "Eu preferia estar trabalhando, essa é a verdade. Fico tão entediada às vezes que acho coisas para fazer, como lavar roupa que não precisa ser lavada, fazer penteados bobos nos meus filhos". Ter um emprego significa, pelo menos, fazer algo que precisa ser feito.

De todos que entrevistei, a maioria fumava cigarros; o uso e abuso de álcool era comum, e muitos admitiram usar drogas. "Eu fumo cigarro, bebo e também fumo maconha", disse Julie. "Por que não? Viver de cheque em cheque é um beco sem saída; assim, não penso muito nisso. Fico chapada, e o dia passa mais rápido e com menos estresse. Já faz algum tempo que vendo meu vale-alimentação, pois me alimento bem no abrigo. É tabaco ruim, bebida ruim e maconha ruim, mas é melhor do que nada."

"Vou trabalhar 'chapado' todos os dias", relatou Sam, um jovem que tem dois empregos de meio período e mesmo assim não consegue pagar as contas. "Desse modo, não me estresso tanto."

É possível se solidarizar um pouco com essas atitudes. Viver de assistência pode ser bem difícil. Por todas essas razões – baixa autoestima, medo de perder benefícios, ressentimento de um sistema paternalista que controla suas vidas – essas pessoas vivem infelizes. Que busquem alguns momentos de prazer ou fuga, talvez até alegria, não parece apenas natural, mas talvez necessário.

Mas o uso de drogas ilícitas costuma gerar reação. Até 2011,[69] pelo menos 36 legislaturas estaduais já tinham estudado leis que obrigam o teste de drogas aos beneficiários de programas de assistência. O estado da Flórida chegou ao ponto de exigir que os requerentes pagassem seus próprios testes. Os aprovados no teste são reembolsados da taxa de US$ 40.[70]

Essas leis, como muitas outras aprovadas no legislativo dos estados, tentam garantir o uso eficiente de recursos escassos onde são mais necessários. Os legisladores argumentam que essas leis são imprescindíveis para garantir que o dinheiro dos cofres públicos seja utilizado para necessidades reais, e não para luxos. Críticos afirmam que elas representam uma intrusão injusta na vida dos beneficiários, o que coloca os pobres em um patamar diferente dos outros norte-americanos.

Além de práticas comuns como fumar, usar drogas e beber em excesso, viver na pobreza gera outras consequências preocupantes para a saúde.

Estudos recentes concluíram que os pobres têm maiores índices de obesidade,[71] morrem mais cedo[72] e sofrem de níveis de estresse que podem reduzir sua inteligência.[73] O desemprego tem consequências ainda mais graves, inclusive o aumento nas taxas de suicídio. Um estudo recente concluiu que, durante a última recessão, a perda de autoestima, autoconfiança e dignidade pessoal que vem com a perda do emprego levou milhares de pessoas ao suicídio.[74]

O CONFLITO ENTRE EMPREGO E ASSISTÊNCIA

Rebecca vive com seu pai deficiente em um hotel abandonado na periferia de Macon, Geórgia. Eu e ela nos sentamos no meio-fio fora do hotel em um dia de agosto de 2013, após eu ter passado o dia visitando cozinhas comunitárias e igrejas para entender onde as pessoas pobres se alimentavam, como parte da pesquisa para meu livro sobre assistencialismo.

Em voz baixa, com os punhos cerrados, ela disse: "Odeio depender de assistência. Odeio não ter o controle. Cresci acreditando no sonho americano. Se eu trabalhasse duro, teria uma casa com a cerca branca, carro, filhos, dinheiro no banco. Esses sonhos acabaram. Meu pai ficou incapacitado, minha mãe nos abandonou, e perdemos tudo. Ele não consegue trabalhar muito. Preciso estar ao seu lado. Ele recebe auxílio-invalidez da Previdência Social. Eu faço trabalhos ocasionais no *Craigslist*, mas estamos só sobrevivendo. Não vivendo, sobrevivendo".

"O sonho americano" e "apenas sobrevivendo" foram expressões que ouvi com frequência, em todo o país. Os norte-americanos ainda acreditam que, se trabalharem duro, alcançarão esse sonho – que para muitos é ter uma família, uma casa e um carro, e um emprego para pagar as contas. No entanto, o assistencialismo mata esse sonho. O sistema cria uma forma de inércia assistencialista em que o foco incessante dos beneficiários é manter os benefícios, vivendo com medo de ganhar muito dinheiro em um emprego regular.

Como me disse Tiffany, uma jovem mãe solteira em Everett, Washington, enquanto conversávamos sentadas em um banco do lado de fora de um supermercado: "Sonhos? Eu não tenho sonhos. Costumava ter. Tinha essa imagem na cabeça, da cerquinha branca, dos ternos, do emprego em um escritório, de filhos... Não mais. Ainda estou aqui porque tenho um filho. Não tenho esperanças. Sim, tenho casa, assistência médica, vale-alimentação; é o que chega para sobrevivermos, para termos um teto sobre a cabeça e não nos tornarmos indigentes. Mas é por pouco. 'Aqui, sobreviva com isto. Agora, suma daqui, não nos incomode', essa é a mensagem dos programas de assistência. Não se trata de me TIRAR da pobreza, mas sim de me manter DENTRO da pobreza".

Os beneficiários resignam-se a lidar com burocracias pesadas e redundantes como condição para receber o auxílio. Não encontrei ninguém no caminho que não tivesse histórias sobre como o sistema é disfuncional e difícil de navegar. Para alguns, no entanto, o tratamento recebido é absolutamente humilhante. E não há nada melhor que humilhação constante para fazer alguém sentir que perdeu o controle de sua vida.

Tanya, mãe solteira com quatro filhos que vive em um bairro de baixa renda na periferia de Atlanta, contou sua história: "Outro dia, visitei minha assistente social para cadastrar meu recém-nascido. Essa senhora tinha sido minha assistente social desde o meu primeiro dia de assistência. Ela me conhecia havia muito tempo, e me via regularmente para recadastro nos programas".

Nós nos sentamos no sofá para almoçar, com Jerome, seu recém-nascido, deitado entre nós. Estávamos na agência da Previdência Social, durante o intervalo da aula de Tanya de treinamento para o trabalho. Ela fez um carinho na barriguinha de Jerome. "A sra. Johnson me diz que não pode qualificá-lo até eu apresentar um teste de DNA que prove que sou a mãe dele. 'O quê?!', respondi. 'Você me acompanhou durante a gestação. Estive aqui uma semana antes do parto, lembra? Como é possível que não seja meu filho?' 'Não importa', disse ela. 'Você quer assistência para ele, prove que é seu.' Então, cruzamos a cidade até o laboratório para tirar sangue e realizar o exame. Jerome chorou por horas; e eu me senti uma criminosa."

A assistente estava cumprindo uma regra que dizia que todos os bebês precisavam ter um teste de DNA que provasse a maternidade – e a paternidade, caso essa fosse contestada. Sim, existe o uso fraudulento de bebês "emprestados" para burlar o sistema, mas uma abordagem "tamanho único", que qualquer programa federal deve ter, pode ser profundamente humilhante quando aplicada a pessoas que você conhece pessoalmente.

TRABALHO E FELICIDADE

Ser responsável por si próprio dá significado a nossas vidas. Além disso, o trabalho produtivo é essencial para a felicidade humana. O trabalho dá significado a nossas vidas não só porque rende um salário, mas porque nos responsabilizamos por nós mesmos e experimentamos a alegria que o trabalho – até mesmo o trabalho duro – possibilita.

Estudos do Center for Applied Ethics da Universidade de Santa Clara (2012)[75] e da School of Public Affairs da Universidade Estadual do Arizona (2011)[76] chegaram a conclusões similares a respeito da dependência assistencialista, do trabalho e da felicidade pela análise dos resultados da SWB [sigla em inglês para a avaliação de bem-estar subjetivo] de mães solteiras após as reformas do sistema de assistência de 1996.

Essas reformas profundas, como você deve lembrar, foram aprovadas em conjunto pelo presidente Clinton e o Congresso, com o objetivo declarado de "acabar com a assistência como a conhecemos". Na época, o AFDC [sigla em inglês para o programa de apoio a famílias com crianças dependentes] permitia que um número cada vez maior de mães solteiras (e outros) entrassem sorrateiramente em uma vida de assistência sem trabalhar, e as reformas resolveram esse problema. O novo TANF [sigla em inglês para o programa de assistência temporária para famílias necessitadas], que substituiu o antigo AFDC, exigia que todos os beneficiários trabalhassem ou fossem treinados para o trabalho; os benefícios valiam por cinco anos, e resultaram na entrada de milhões de mulheres no mercado de trabalho e sua saída da pobreza.

Comparando dados coletados antes e depois dessas reformas "para o trabalho", ambos os estudos informaram um aumento no bem-estar subjetivo das mães solteiras após retornarem ao mercado de trabalho. O estudo de

Chris Herbst na Universidade Estadual do Arizona concluiu que os efeitos da reforma tinham sido majoritariamente positivos: "Essas mulheres experimentaram um aumento no nível de vida, mais otimismo sobre o futuro e mais estabilidade financeira".[77] O estudo forneceu também evidência indireta de que "o emprego das mães pós-reforma consegue explicar tranquilamente os ganhos no bem-estar subjetivo".[78] Da mesma forma, o relatório de John Ifcher sobre o estudo feito pela Universidade de Santa Clara concluiu que os resultados "parecem indicar que um pacote de mudanças nos programas de assistência e na tributação (exigindo o trabalho) aumentou a felicidade".[79] Mesmo empregos relativamente humildes deixavam essas mulheres mais felizes.

Esses dois estudos foram conduzidos rigorosamente e focaram nos membros mais dependentes de nossa sociedade – mães solteiras no TANF. Por definição, essas mulheres precisavam de ajuda financeira para atender a suas necessidades básicas e de seus filhos. Se elas ficam mais felizes ao inserir o trabalho em suas vidas, parece provável que outros norte-americanos economicamente dependentes também seriam mais felizes trabalhando.

"Não sei se é felicidade", disse Cora, professora e membro de uma tribo indígena que conheci na reserva Pine Ridge Indian na Dakota do Sul. "Só sei que algo muda nas pessoas quando conseguem um emprego. Elas se sentam com postura ereta. Levantam o queixo. Conduzem sua vida com orgulho. Dizem 'oi' para mim no mercado. Conheço todos os membros da reserva, e é fácil identificar quem está trabalhando, pois eles me cumprimentam na loja, e se orgulham do que estão fazendo com suas vidas."

Quando os governos assumem a responsabilidade por nosso bem-estar, restringem nossa liberdade de ação e geram uma série de consequências negativas. Permitir que o governo controle nossas vidas é uma receita para problemas, incluindo perda de autoestima, orgulho e dignidade, perda de foco e metas, além da própria esperança. Quando a nossa vida é dominada por uma entidade externa, e não por nossas próprias ações, os resultados podem ser terríveis. E, é claro, aqueles que mais sofrem são os que mais dependem do Estado para seu sustento.

Muitos esquecem que, muito antes da "guerra contra a pobreza" dos anos 1960, ainda na década de 1930 em resposta à Grande Depressão, o presidente Roosevelt lançou um gigantesco programa de emprego e bem-estar, contratando desempregados e pobres para trabalhar em obras federais em troca de assistência geral. Em seu segundo discurso de posse, ele falou acerca das consequências não intencionais desses programas. Hoje, com a influência crescente de nossa versão expandida de assistência estatal sobre a vida dos norte-americanos, suas palavras deveriam nos servir de alerta:

> Uma grande proporção desses desempregados e seus dependentes foi obrigada a recorrer à assistência. ... Esse é um problema não só econômico, mas também humano. ... A história ... nos mostra claramente que a dependência contínua de auxílio desintegra o tecido moral e espiritual da nação. Distribuir assistência dessa forma é como administrar um narcótico que destrói lentamente o espírito humano. ... O governo federal deve e vai dar fim à indústria da assistência. ... É preciso preservar da miséria não só o corpo do desempregado, mas também sua dignidade, autoconfiança, coragem e determinação.[80]

Então, o que funciona? Trabalhar funciona. Um membro da tribo Southern Ute lembra o dia em que perdeu o emprego: "Recorremos à assistência governamental por alguns meses, mas eu deixei claro para minha esposa que, se não encontrássemos emprego aqui, iríamos embora. E assim foi, nós nos mudamos, conseguimos emprego e, posteriormente, abrimos nosso próprio negócio. Senti meu orgulho desaparecer, e não queria me tornar *aquela* pessoa. Sou trabalhador, e quero ser capaz de olhar para trás e me orgulhar da vida que construí para minha família".

Ser necessário nos dá estatura e importância. Pais são necessários quando os filhos são pequenos, sem dúvida, e podem ser chamados a ajudar outros familiares ou amigos. Mas o trabalho também nos torna necessários. O salário é prova disso. Uma mãe Decatur colocou desta forma: "Lembro-me como se fosse ontem do primeiro salário quando voltei a trabalhar: US$ 177. Não é muito, certo? Mas era meu. Cheguei em casa e mostrei com orgulho o contracheque aos meus filhos. Eles precisavam de tantas coisas

– fraldas, brinquedos, sapatos, roupas. É minha responsabilidade sustentá-los, e me orgulha muito fazê-lo, em vez de deixá-los ver a mãe dependendo das esmolas do governo".

"Eu gostaria de ganhar o bastante para pagar minhas contas. Quem não gostaria?", disse Ken em Atlanta. "Pagar o aluguel, as contas da casa *e* comprar comida. Mas não consigo achar um emprego de tempo integral, daí dependo do vale-alimentação. Toda vez que vou a uma agência do governo, sou tratado como lixo por aquelas senhoras que trabalham lá, e não posso retrucar. Não vejo a hora de pagar todas as minhas contas com o suor do meu trabalho."

Quando encontrei Rosie em Nova York, ela me disse: "Preciso trabalhar, senão eu enlouqueço". Desabrigada e vivendo nas ruas do Brooklyn, ela tem vários empregos informais. "Enquanto me mantenho ocupada, estou feliz", Rosie afirmou.

E Terry, que atualmente vive em uma favela nos arredores de Seattle, fez o seguinte comentário: "Quando estava empregado, eu olhava com desprezo para todos que dependiam da assistência do governo com seus subsídios, auxílios e vale-alimentação. Então, me tornei um deles, segurando o maldito vale na fila do mercado. Agora, sou eu que estou desabrigado. Sou eu quem aceita esmolas das senhoras da igreja. Autoestima? Se foi. Eu preferia mil vezes estar trabalhando, não importa o emprego, do que vivendo dessa forma. Sei que nunca mais serei um técnico de enfermagem, mas ficaria feliz em trabalhar no McDonald's. Feliz por estar trabalhando".

Como Warren Buffett disse em um editorial recente no *Wall Street Journal*: "O sonho americano promete que uma combinação de educação, trabalho duro e bom comportamento pode catapultar qualquer cidadão de um início humilde a um sucesso no mínimo moderado. Para muitos, essa promessa se realizou". Mas, segundo ele, "nas últimas décadas, a maré cheia de nosso país não elevou o barco dos pobres". Note que se pode atribuir parte da culpa à transição global para uma economia do conhecimento, ele argumenta. E eu concordo com ele que um tipo de crédito para os pobres que complemente seus salários até um certo nível de renda, com restituição do IR caso sua renda fique abaixo de certo nível, deveria ser expandido, de tal forma que, como Buffet diz: "Os Estados Unidos propiciassem uma vida decente para qualquer um disposto a trabalhar".[81] Concordo; trabalhar nunca deveria ser um risco, mas sempre uma recompensa, e qualquer pessoa contemplando a escolha entre recorrer à assistência ou trabalhar (mesmo que em um emprego de meio período) deveria ser incentivada a optar pelo trabalho.

O assistencialismo não acaba com a pobreza. O trabalho, sim. Além disso, ele gera identidade, orgulho, autoestima, autocontrole e, sim, felicidade. Como aprendi com os muitos americanos que entrevistei, os sentimentos fugazes de segurança e proteção sentidos quando transferimos nossas vidas e nossos destinos ao governo são ridículos perto dos sentimentos de liberdade e controle que vivenciamos quando assumimos responsabilidade total por nossas vidas. Como essas pessoas me ensinaram, a alternativa – a autonomia e a responsabilidade perdidas que resultam da supervisão e do controle do governo – é, em última instância, destrutiva para o espírito humano.

4
A IRRACIONALIDADE DO CONSUMIDOR JUSTIFICA A GUERRA CONTRA AS DROGAS?

Por Jeffrey Miron

Se as pessoas são irracionais às vezes, ou algumas pessoas são irracionais habitualmente, segue que a liberdade de escolha deveria ser anulada pelo controle estatal? Quais são as consequências da proibição de substâncias que alteram a mente, como álcool, narcóticos ou nicotina? O crime é causado pelo uso de drogas ou pela proibição? Quais são os resultados médicos da proibição para pessoas racionais e irracionais? Jeffrey Miron é palestrante e diretor de estudos universitários no departamento de economia da Universidade Harvard e diretor de estudos econômicos do Cato Institute.

QUANDO – SE ALGUMA VEZ – O CONTROLE ESTATAL SOBRE as decisões individuais é superior ao autocontrole?

Na teoria do consumidor racional, a resposta é "nunca". Esse paradigma pressupõe que os clientes conhecem suas preferências, possuem todas as informações relevantes, processam-nas da forma correta e tomam decisões consistentes ao longo do tempo. A interferência governamental sobre as escolhas individuais – a substituição do autocontrole pelo controle estatal – prejudica, portanto, apenas os indivíduos, que tomariam ótimas decisões por si próprios.

Essa teoria tem uma longa história. Muitos economistas ainda a consideram útil para questões positivas e normativas. No entanto, outros economistas e não economistas acreditam que muitos consumidores não são totalmente racionais. Sua conclusão vem da observação casual do ser humano em ação e da pesquisa experimental em economia e psicologia comportamental que parece desafiar aquela teoria.[82]

Se os consumidores não são totalmente racionais, o argumento a favor do autocontrole – e não do controle estatal – perde um pouco de sua força. A interferência do governo não reduziria automaticamente o bem-estar de consumidores não racionais, já que esses poderiam estar tomando decisões abaixo do ideal por conta própria.

Afirmo, todavia, que a irracionalidade do consumidor fortalece o argumento a favor do autocontrole, em vez de enfraquecê-lo. Minha análise se dá no contexto da guerra contra as drogas – a tentativa secular do governo dos Estados Unidos de eliminar maconha, cocaína, heroína e outras substâncias intoxicantes ou alucinógenas. Se os consumidores são racionais sobre o uso de drogas, a proibição piora sua situação. Se não são necessariamente racionais, ela talvez impeça algumas decisões "ruins" sobre o uso de drogas. Então, talvez valha a pena pensar sobre a proibição.

Contudo, conforme explicarei, a guerra contra as drogas ainda é uma política ruim – talvez até pior se alguns consumidores não forem racionais. A proibição pode impedir algum uso imprudente de drogas, mas suas consequências gerais prejudicam os consumidores irracionais mais do que os racionais. O autocontrole como abordagem contra as drogas pode não ser perfeito, mas o controle estatal é quase certamente pior.

O DEBATE SOBRE A GUERRA CONTRA AS DROGAS

Antes de discutir como a racionalidade do consumidor afeta os méritos da proibição *versus* legalização, eu gostaria de apresentar o que os economistas chamam da análise "positiva" da proibição, isto é, aquela que descreve os efeitos da proibição sem avaliar se a proibição é desejável de modo geral.

A proibição não elimina a demanda por drogas. Evidências de estudos sobre drogas, álcool, jogos de azar, prostituição e outros produtos e serviços demonstram que os mercados resistem à proibição. Em vez de eliminar o mercado de drogas, ela simplesmente o leva à clandestinidade.[83]

A proibição pode, no entanto, reduzir o uso de drogas se comparado a um cenário de legalização. No lado da demanda, a proibição impõe penas por posse, e alguns consumidores podem se abster do consumo por "respeito à lei"; e outros, por medo de serem pegos e punidos. No lado da oferta, a proibição aumenta os custos de produção e distribuição, já que os fornecedores devem investir para não serem pegos pela polícia. Isso gera preços maiores e demanda menor.[84] O impacto líquido disso sobre a oferta e a demanda não é necessariamente grande. A proibição pode estimular a demanda ao adicionar um toque de "fruto proibido" às drogas, já que alguns parecem pensar que, por serem proibidas, elas devem ser muito boas. Por operar em segredo, os fornecedores do mercado clandestino têm custos menores para evadir tributos e encargos regulatórios, o que compensa alguns custos gerados pela proibição. Diferenças na capacidade de propaganda dos vendedores, nos próprios retornos da propaganda e na extensão do poder de mercado na comparação proibição *versus* legalização também podem limitar o impacto dela sobre o uso.[85]

De fato, as evidências disponíveis sugerem que o impacto da proibição sobre o uso é modesto.[86] Essa conclusão se mantém com diversas drogas e bebidas alcoólicas, em diferentes países e épocas. A evidência nessa questão é incompleta, já que poucas sociedades foram da proibição para a legalização total, mas muitas moderaram substancialmente suas proibições. Essas "reduções" estão associadas a aumentos pequenos ou quase imperceptíveis no uso. Independentemente do impacto sobre o uso, a proibição gera diversos efeitos não intencionais.

A proibição aumenta os crimes violentos. Os participantes do mercado formal resolvem suas disputas através dos tribunais e outros mecanismos não violentos. Por sua vez, os participantes do mercado clandestino usam a violência, já que recorrer às autoridades revelaria suas identidades e atividades, e os tribunais são reforçam contratos que envolvem bens ilegais. Da mesma forma, fornecedores legais competem por participação de mercado via marketing e propaganda, enquanto fornecedores do mercado clandestino se apoiam em disputas violentas por território.

Há evidência substancial de que a proibição gera violência.[87] O uso da violência para resolver disputas é comum nos mercados de drogas e prostituição, assim como era outrora nos mercados de jogos de azar antes do surgimento das loterias estatais e da expansão do jogo legalizado. No último século, a violência oscilou com as proibições ao álcool e às drogas, como ilustrado na Figura 1.[88] A violência cresce especialmente nos países que cultivam e exportam drogas ilegais como cocaína e heroína.[89]

A proibição também encoraja crimes como roubo e prostituição, dado que o aumento no preço das drogas induzido pela proibição faz com que os usuários precisem de renda adicional para comprá-las.[90] A proibição desvia recursos da justiça criminal que seriam utilizados no combate a outros tipos de crimes.[91]

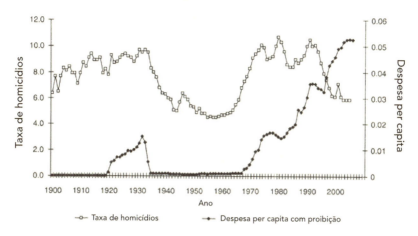

Figura 1: Gastos com proibições per capita, e homicídios por 100 mil habitantes: 1900 a 2006

Fonte: taxa de homicídios da FBI UCR (vários anos). Gastos projetados com a proibição, baseados em Miron (1999) e retirados do orçamento do governo dos Estados Unidos (vários anos).

Essa conclusão – de que a proibição gera crimes – contrasta com a alegação dos proibicionistas de que o uso de drogas gera crimes. Pouca evidência confirma a alegação de que o uso de drogas por si só promova a violência ou outros comportamentos criminosos.[92]

A proibição também reduz a qualidade e a confiabilidade do produto. Nos mercados formais, consumidores que adquirem bens com defeito podem punir fornecedores por meio de solicitações de garantia, má publicidade ou denúncias formais em grupos públicos ou privados de proteção ao consumidor. Em mercados ilegais, esses dispositivos inexistem ou são ineficientes, logo, a proibição leva a overdoses acidentais ou envenenamentos.[93] A proibição do álcool nos EUA é um exemplo clássico, haja vista o crescimento de mortes por álcool adulterado; veja a Figura 2.[94] Da mesma forma, muitos usuários de maconha foram envenenados nos anos 1970 após o governo dos EUA pulverizar as plantações de maconha do México com o herbicida paraquat. Mesmo assim, ela foi colhida e vendida para os consumidores norte-americanos.[95]

A proibição gera corrupção. Nos mercados formais, os participantes têm pouco incentivo para subornar agentes da lei, e contam com mecanismos legais como lobby ou financiamento de campanha para influenciar políticos. No mercado clandestino, participantes têm que fugir dos agentes da lei ou suborná-los para que façam vista grossa. Da mesma forma, técnicas comuns de lobby são mais difíceis.[96]

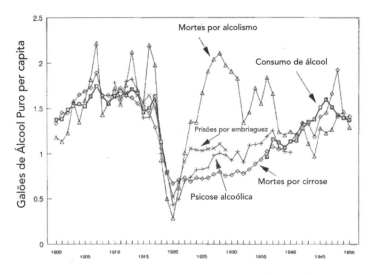

Figura 2: Estimativa de consumo *per capita* de galões de álcool

O gráfico mostra dados sobre o consumo estimado de álcool *per capita* para os anos de não proibição junto com a estimativa do consumo de álcool *per capita* em todos os anos. As estimativas advêm de regressões de cada série de indicadores (por exemplo, a taxa de mortes por cirrose) em uma tendência linear e constante e o consumo de álcool *per capita*. Os dados mostrados são os valores implícitos de consumo de álcool *per capita* para todos os anos destacados pela inversão da regressão à estimativa de consumo de álcool nos anos da proibição com base na referência e relação estimada entre o indicador e o consumo de álcool. A estimativa e o processo de inversão convertem as unidades de cada indicador em unidades de galões de álcool consumidos *per capita*.

A proibição enriquece aqueles mais dispostos a violar as leis da sociedade. Em um mercado formal, a renda oriunda da produção e venda de drogas é tributada, e essa receita beneficia a população em geral via redução de outros tributos ou aumento do gasto governamental. No mercado clandestino, fornecedores contabilizam essa receita como lucro. Estimativas recentes sugerem que os governos federal, estadual e local poderiam arrecadar mais de US$ 50 bilhões/ano com a legalização das drogas.[97]

A proibição ainda tem outras consequências adversas. Como os crimes relacionados às drogas envolvem trocas mutuamente benéficas, os envolvidos não as reportam à polícia, que, portanto, recorre a operações informais específicas, tomada de ativos, mandados de segurança, batidas e perfilamento racial, medidas essas que infringem a noção de liberdade civil.[98] De forma mais ampla, a guerra contra as drogas abriu caminho para uma ampla gama de táticas de aplicação da lei que violam a privacidade, tais como escutas telefônicas domésticas.[99] (Veja a Figura 3.) Devido à proibição, muitos governos estaduais banem a venda de seringas descartáveis nas farmácias, o que aumenta o compartilhamento de agulhas e, assim, a contaminação por HIV e outras doenças similares.[100] Devido à proibição, a maconha é mais controlada do que a morfina ou a cocaína, não podendo ser usada para fins medicinais.[101] Da mesma forma, médicos enfrentam a cassação de licença ou mesmo prisão em flagrante por prescrição "excessiva" de opioides, o que desencoraja o tratamento de dores crônicas.[102] Até a política externa e as negociações de acordos comerciais são contaminadas pela política de combate às drogas.[103] O não cumprimento geral da proibição, apesar de esforços draconianos, sinaliza a usuários e não usuários a inutilidade da lei, enfraquecendo o espírito de acordo voluntário essencial para uma sociedade livre. E os gastos com policiais, juízes, promotores e prisões, somados em todos os níveis de governo para garanti-la totalizam cerca de US$ 50 bilhões por ano só nos Estados Unidos.[104]

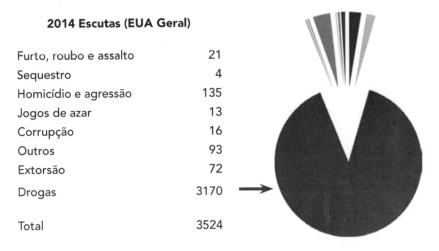

Figura 3: Crimes graves interceptados por escutas com autorização judicial em 2014.

Em resumo, a proibição pode reduzir o uso de drogas diante de um cenário de legalização. Mas não importa se a redução for grande ou pequena, a proibição tem diversos outros efeitos nefastos, incluindo aumento no crime, redução na saúde, corrupção galopante, enfraquecimento das liberdades civis, perda de arrecadação e custos substanciais.

A PROIBIÇÃO É UMA POLÍTICA DESEJÁVEL?

Tendo como contexto a análise positiva, pergunto se a proibição é uma boa política. É isso que os economistas chamam de análise normativa: aquela que questiona se a proibição é preferível à legalização, tendo como base uma análise positiva particular das diferenças entre as duas políticas.

A análise positiva indica que a proibição tem vários efeitos indesejáveis. Talvez a única exceção seja a redução, se é que existe, no uso de drogas. Então, a análise da proibição *versus* legalização precisa focar em como a política deveria tratar essa possível redução, bem como a possibilidade de racionalidade dos consumidores. Na verdade, a conclusão normativa correta não depende da racionalidade dos consumidores.

Se a suposição é a de que todos os consumidores são racionais, então a análise normativa da proibição se torna trivial.[105] Neste caso, todos os efeitos da proibição são indesejáveis, já que qualquer redução no uso seria um custo da proibição, e não um benefício. Em particular, sob a premissa de racionalidade total, não faz diferença se as pessoas usam drogas por seus efeitos psicofarmacêuticos, por suas propriedades medicinais ou simplesmente por prazer; tudo que importa é que os consumidores escolham usar drogas voluntariamente. Por essa perspectiva, tampouco importa se as drogas são viciantes, ou se o uso afeta negativamente a saúde ou a produtividade; se pessoas racionais escolhem aceitar tais riscos, devem pensar que os benefícios excedem os custos.

Por muito tempo acreditou-se que o modelo de consumo racional era inconsistente com muitos comportamentos observados sobre o consumo de drogas, tais como dependência, abstinência, recaída etc. Estudos teóricos de Gary Becker e Kevin Murphy mostram que o modelo racional é potencialmente consistente com esses fenômenos, e estudos empíricos tiveram algum êxito em encaixar o modelo aos dados.[106] Esses estudos não provam que o modelo racional descreve todo tipo de consumo de drogas, porém enfraquece a suposição de que o uso de drogas seja irracional. Dito de outra forma, é difícil negar que pelo menos algum uso de drogas se encaixa nesse modelo. Muitos afirmam ter prazer ao usar maconha; outros valorizam o alívio da dor ou a paz mental produzidos pelos opioides; alguns ainda apreciam o estímulo mental da cocaína, assim como outros gostam do estímulo da cafeína. Desse modo, algum tipo de uso de drogas parece plausível e racional, implicando que as reduções induzidas pela proibição são um custo da proibição.

Se alguns consumidores tomassem decisões irracionais sobre o uso de drogas, a proibição poderia gerar um benefício: evitar que eles usassem drogas. Embora os danos causados pelo uso de drogas sejam frequentemente exagerados, alguns consumos podem ser, de fato, desaconselháveis.[107] Isso se aplica a qualquer bem, mas os riscos podem ser maiores com substâncias potencialmente viciantes que implicam riscos não triviais à saúde. Por exemplo, consumidores imediatistas podem ignorar a possibilidade de dependência e subestimar quaisquer riscos declarados à saúde. Uma política que impedisse o uso de drogas por esse grupo poderia, em princípio, melhorar sua situação.[108]

Esse argumento pró-proibição pode parecer plausível, mas apresenta falhas profundas. Mesmo se a irracionalidade for generalizada, e mesmo se a política puder evitar o uso irracional de drogas, o questionamento necessário a qualquer proposta de política é se os benefícios que ela gera superam seus custos. Então, qualquer benefício de reduções induzidas por uma política sobre o uso irracional de drogas deve ser ponderado contra os custos incorridos para alcançar essa redução. Qualquer redução induzida por políticas no uso racional de drogas é um custo potencialmente alto, mas também existem muitos outros.

Existe evidência robusta de que a proibição tem gerado efeitos colaterais adversos, tais como aumento do crime e corrupção, maior contaminação pelo HIV, redução nas liberdades civis, perda de arrecadação e custos diretos crescentes com polícia, juízes, promotores e presídios. Além disso, a proibição parece não gerar impactos significativos de redução no consumo de drogas. E, embora dados conclusivos não estejam disponíveis, é plausível que os usuários racionais sejam aqueles com maior probabilidade de serem dissuadidos pela proibição, enquanto os irracionais tendem a ignorá-la. Sendo assim, é quase inconcebível que o único benefício possível da proibição seja capaz de plausivelmente exceder seus custos. Mesmo se a irracionalidade justificasse políticas para reduzir o uso de drogas, a proibição é quase certamente a pior delas.

Além dessas preocupações, os prejuízos do uso de drogas não são apenas normalmente exagerados, mas também parecidos com os de substâncias legais como álcool, tabaco, gordura saturada e outros; de fato, essas substâncias hoje liberadas são aquelas cujos efeitos de longo prazo causam doenças sérias ou morte (por exemplo, cirrose, câncer de pulmão, enfisema, doenças cardíacas). Ainda assim, proibir maconha, heroína, cocaína e outras drogas ilegais sugere que elas são inaceitavelmente "ruins", enquanto substâncias legais como álcool e tabaco são, no mínimo, "toleráveis". Além disso, reduções induzidas por políticas no uso irracional de drogas podem induzir à substituição por substâncias legais que têm efeitos similares ou até piores.

Talvez ainda mais importante, a proibição quase certamente prejudica mais os usuários irracionais do que os racionais, dado que muitos usuários irracionais a consomem de qualquer forma. A proibição força os usuários a adquiri-la de criminosos que podem vitimá-los em áreas perigosas da cidade. Faz com que os usuários enfrentem não apenas riscos de saúde, mas também prisão, perda de licença profissional e elegibilidade para empréstimos estudantis, entre outros; impossibilita que eles avaliem a qualidade das drogas que compram, já que, em mercados ilegais, os consumidores não podem processar os vendedores por produtos de má qualidade, reclamar para grupos públicos ou privados de controle, derrubar a reputação dos vendedores por má qualidade ou gerar má publicidade para distribuidores de produtos adulterados; assim, a proibição gera aumento de overdoses acidentais e envenenamentos. A proibição aumenta os custos de produção e venda e, por conseguinte, o preço das drogas.[109] Diante disso, os usuários têm grandes incentivos para consumir drogas por métodos inseguros, tais como compartilhamento de agulhas, o que os leva a correr um risco maior de contrair HIV e hepatite.

Todos esses efeitos negativos da proibição prejudicam tanto consumidores racionais como irracionais. Porém, os usuários racionais têm maior probabilidade de reconhecer os riscos e ajustar seu comportamento para minimizar os impactos adversos. Para minimizar o risco de prisão, eles cultivarão sua própria maconha ou comprarão outras drogas de fornecedores conhecidos. Para evitar o risco de impurezas, comprarão de fornecedores confiáveis, testando pequenas doses inicialmente, ou evitarão drogas ilegais, substituindo-as por álcool legalmente disponível. Tentarão evitar compartilhar agulhas, seja ingerindo por outros métodos, substituindo por outras drogas, ou terão mais êxito em obter seringas limpas de fontes legais e ilegais.

A proibição também pode prejudicar consumidores irracionais ao glamourizar o uso de drogas aos olhos dos jovens, ingênuos ou incapazes de considerar as consequências de longo prazo; usuários racionais não dão atenção a essa imagem. A proibição eleva a recompensa financeira do trabalho no tráfico de drogas, compensando por um risco elevado de ferimentos, morte e prisão. Indivíduos racionais entendem e aceitam esses riscos apenas se a compensação total for equivalente à disponível em outros setores. Jovens ingênuos, por sua vez, focam na recompensa monetária, expondo-se assim ao risco elevado de morte ou prisão. A proibição sugere a pais menos racionais que a política pode evitar o uso de drogas por seus filhos; pais racionais percebem que a proibição impacta minimamente a oferta; logo, precisam ainda intervir para proteger seus filhos de escolhas ruins e influências perigosas.

Assim, embora a proibição seja capaz de evitar que alguns usuários passem a consumir drogas, ela torna o uso mais perigoso e custoso para aqueles que as consomem apesar dela, e esses efeitos negativos são muito piores para os consumidores irracionais. E, como o impacto geral da proibição sobre o uso parece modesto, é improvável que o benefício da redução do uso irracional possa plausivelmente superar os pontos negativos para quem as usa apesar de serem proibidas.

CONCLUSÃO

Ao comparar o autocontrole ao controle estatal, a conclusão se aplica de forma mais ampla. Em muitos casos, alguns consumidores tomam decisões ruins, mas o controle estatal é um instrumento deficiente para melhorá-las. Consumidores racionais entendem as implicações das políticas governamentais e podem, portanto, ajustar seu comportamento para moderar seu impacto. Consumidores irracionais, no entanto, podem responder de formas que tornam sua irracionalidade mais custosa. O autocontrole nem sempre é perfeito; nada garante que todos os indivíduos tomarão decisões boas acerca de seu próprio bem-estar em todos os momentos. Mas substituir o autocontrole pelo controle estatal costuma provocar resultados muito piores; tal abordagem impõe escolhas abaixo do ideal sobre indivíduos racionais e cria incentivos perversos que prejudicam precisamente os indivíduos irracionais a quem o controle estatal está tentando proteger.

5
RESPONSABILIDADE E O MEIO AMBIENTE

Por Lynne Kiesling

A responsabilidade é uma propriedade apenas do autocontrole individual ou existem instituições sociais que ajudam as pessoas a agir com responsabilidade? Que instituições e normas sociais e jurídicas as induzem a agir responsavelmente, a considerar as consequências de longo prazo de seu comportamento e a levar em conta o impacto de suas ações sobre os outros? A análise dos meios usados para proteger aves de rapina em risco de extinção nos ajuda a entender como a instituição da propriedade permite aos humanos agir de forma responsável. Lynne Kiesling é professora de economia na Universidade Northwestern; seu livro mais recente (coeditado) é Institutions, Innovation, and Industrialization: Essays in Economic History and Development *(Princeton: Princeton University Press, 2015).*

INTRODUÇÃO

Nossas ações impactam não apenas nós mesmos, mas também outras pessoas, outras espécies e o próprio meio ambiente. Os seres humanos desenvolveram diversos meios para encorajar seus semelhantes a considerar os efeitos de seu comportamento sobre os demais, conhecidos na economia pelo termo "externalidade", que incluem medo de retaliação, benefício em jogos repetidos e normas de cuidado, vergonha e santidade. Também incluem instituições sociais que levam as pessoas a "internalizar" essas "externalidades", isto é, a levar em conta o efeito de suas ações sobre os outros.

Considere o caso do comportamento perante uma "amenidade ambiental". Rosalie Edge tomou uma atitude quando viu as fotos de Richard Pough (tiradas em 1932) de fileiras de aves de rapina mortas por esporte ou dinheiro na Hawk Mountain, no leste da Pensilvânia. Ativista pela conservação da vida selvagem, Edge entendeu que elas corriam sério risco de extinção. Para a maioria das pessoas, aquelas aves não passavam de pragas desprezíveis que matavam e comiam galinhas. E pensar assim levou diversos estados a adotar uma política de recompensas por sua caça; nos anos 1930, por exemplo, a Pennsylvania Game Commission pagou US$ 5 de recompensa por ave de rapina, incluindo o açor e a grande coruja de chifres. Na Grande Depressão, tal recompensa era um importante complemento de renda, além de reduzir a ameaça aos animais domesticados. Hawk Mountain era um ponto fértil na rota migratória sazonal de muitas espécies, daí o seu nome.

Em 1934, Edge arrendou 570 hectares de terras na Hawk Mountain e contratou um guarda para impedir que caçadores atirassem em aves de rapina em sua propriedade.[110] A caça parou. Edge levantou fundos para comprar a terra, e, em 1938, cedeu a área à recém-criada Hawk Mountain Sanctuary Association.[111] A premissa era simples: comprar a terra para garantir o controle de seu uso, dedicando seus recursos naturais ao habitat da vida selvagem. Nas décadas seguintes, o entendimento das interconexões em ecossistemas complexos e da importância das aves de rapina evoluíram, e iniciativas como a Hawk Mountain Sanctuary contribuíram para a recuperação de muitas espécies. Hoje, a Hawk Mountain é o santuário mais antigo de vida selvagem dedicado à preservação e observação de aves de rapina. Ela permanece de propriedade, financiamento e operação privados, como uma organização de conservação ambiental sustentada por seus membros.

O caso da Hawk Mountain é um exemplo real do efeito dos direitos de propriedade sobre o comportamento – neste caso, comportamento com o meio ambiente. Imagine como os donos de propriedade controlam o uso de suas terras, com cercas de arame farpado e placas dizendo: "Proibido caçar. Proibido pescar. Proibido invadir". Se encontrarem alguém caçando, pescando ou invadindo suas terras, eles podem entrar com uma ação cível contra os transgressores sob o direito comum, e se forem considerados culpados, terão de pagar penas monetárias ao reclamante para compensá-lo pela perda de valor em vida selvagem, peixes ou caça. Se um vizinho jogar lixo ou resíduos tóxicos nas terras, no rio, córrego ou açude de outro, quem causar o estrago será responsabilizado pelo dano. Direitos de propriedade nos responsabilizam por nosso comportamento. Se forem definidos na teoria e garantidos na prática, eles criam incentivos para manter a qualidade ambiental presente e futura, alinhando interesses econômicos e ambientais nas dimensões de tempo, espaço e usos; ajudam os humanos a equilibrar o *tradeoff* inevitável entre uso e gestão; colaboram para que os humanos incorporem os efeitos mais amplos de suas ações em suas decisões; e tornam as pessoas cientes e responsáveis pelos interesses dos outros.

O QUE SÃO DIREITOS DE PROPRIEDADE?

Os direitos de propriedade determinam o uso e o descarte de um recurso. Se você tem um par de sapatos, é você quem decide usá-los, deixá-los no armário, emprestá-los a seu sobrinho, alugá-los ou simplesmente vendê-los. Também decide quando limpá-los e quando é hora de substituí-los por um novo par.

Segundo David Hume, os direitos de propriedade, como instituição, englobam três elementos: estabilidade de posse, transferência por mútuo consentimento e cumprimento de promessas.[112] Ele argumentou que os direitos de propriedade como instituição surgem na sociedade para permitir que os indivíduos coordenem suas ações para benefício mútuo, e a literatura moderna sobre direitos de propriedade adota esse argumento. A garantia dos direitos de propriedade pode ser formal (direito comum, contratos, legislação que leva à regulação), informal (convenções, costumes, tradições, normas sociais) ou ambos; historicamente, a tradição culminou na legislação, que é codificada na estrutura do direito comum em países como o Reino Unido e os Estados Unidos.

Ter propriedade significa ter o poder de decisão sobre como um recurso é utilizado. Em muitos casos, seus usos podem ser diferenciados, e os direitos de uso, transferidos separadamente. Considere a posse de um terreno com uma cabana (por exemplo, uso como moradia ou base, caução, aluguel, terreno baldio). Instituições jurídicas também são importantes; suponha que esse terreno e cabana estejam localizados no estado de Montana, cuja lei permite que os donos da propriedade vendam ou aluguem os direitos ao subsolo separadamente dos direitos de superfície. Poder separar um direito do outro e transferi-lo permite que o proprietário lucre pelo arrendamento dos direitos de perfuração a um terceiro que deseje explorar petróleo ou gás natural.

Problemas ambientais normalmente se resumem a conflitos sobre o uso de recursos. Direitos de propriedade ajudam a resolvê-los, pois oferecem uma base jurídica que prioriza os usos particulares que o proprietário escolher, pelo período que for. Em alguns problemas ambientais, tais como a poluição química de um lago contido, a propriedade particular da terra onde ele está tende a incentivar seu dono a manter a qualidade da água, seja por seu próprio valor de consumo ou porque a poluição reduziria o valor de mercado da propriedade. Nem todos os problemas ambientais são tão "diretos", já que definir e garantir os direitos de propriedade pode ser caro e, às vezes, inviável. E é aqui que a tragédia dos comuns entra em cena.

Garrett Hardin notavelmente caracterizou o sobrepastoreio de pastagens comuns nas vilas medievais como uma "tragédia dos comuns".[113] Se uma vila tiver uma área fixa de pastagem e ela for tratada pelos residentes como um recurso de acesso livre, e qualquer um puder levar quantos animais quiser para pastar, cada pessoa tem o incentivo para levar um animal a mais, desde que o benefício não chegue a zero. No entanto, a pastagem tem um limite de capacidade, isto é, um limite de quantos animais pode alimentar. Logo, cada animal além dessa capacidade reduz o alimento consumido pelos outros abaixo do nível de subsistência, mesmo que o benefício ao indivíduo seja positivo (apesar de abaixo do ideal). O livre acesso equivale à ausência de direitos de propriedade, e leva a sobrepastoreio, erosão e desnutrição do rebanho. Hardin propôs uma alternativa: privatizar a área comum, ou definir direitos de propriedade pela divisão da pastagem, tendo cada camponês o acesso a um lote de terra. Nesse caso, pelo menos, privatizar a área comum não era desejável, já que destruiria as economias de escala e o compartilhamento de risco que os camponeses poderiam explorar através da rotação de culturas e do rebanho coletivo. Desse exemplo, Hardin passou para as situações modernas de poluição do ar e da água, na medida em que são recursos de livre acesso degradados ou destruídos devido à inabilidade de definir direitos de propriedade. Ele concluiu que a única alternativa viável seria a propriedade pública, nacionalizando os bens comuns, já que não podiam ser privatizados.

Com base nos estudos de Hardin e Ronald Coase,[114] Elinor Ostrom construiu um valioso modelo de análise das bases institucionais de recursos de acesso comum (CPR, na sigla em inglês) para entender como os direitos de propriedade beneficiam o meio ambiente, mesmo quando não podem ser plenamente definidos.[115] Ostrom adotou o modelo binário puramente privado/acesso livre de Hardin e o expandiu, levando em conta que a propriedade privada pura é raríssima; de fato, na maioria dos casos, não temos propriedade privada pura. Em vez de pensar nos direitos de propriedade como uma dicotomia entre acesso livre e puramente privado, pense nos direitos de propriedade como um *continuum* [uma série de acontecimentos sequenciais e ininterruptos que faz com que ocorra uma continuidade entre o ponto inicial e o ponto final], e, ao longo dele, diversos níveis de bens comuns.

Propriedade privada pura é algo como suas lentes de contato, que só você pode ter, usar e descartar. Mas o que dizer do par de sapatos discutido anteriormente? Se você o emprestar para um sobrinho, estará criando um direito de uso para ele, dotado inclusive de regras (mais ou menos específicas) de devolução na mesma condição. Imagine também a possibilidade de comprarem juntos um par de sapatos para compartilhar – esse par não é propriedade privada pura de nenhum dos dois, e as regras estabelecidas para determinar quem, quando e como ele será usado são um exemplo do que Ostrom chama de "governar os bens comuns".

Imagine outro tipo de CPR ao longo do *continuum*: um parque com uma praia. Se for um parque municipal, o governo municipal pode decidir sobre a cobrança de uma taxa para uso da praia, limitando o acesso aos pagantes, ou tratá-la como um CPR de acesso livre para todos. O parque é um CPR que se parece mais com um "bem comum" do que um par de sapatos compartilhado. Por fim, considere o exemplo da qualidade do ar. Definir quem é dono do ar e privatizá-lo é tão proibitivamente caro que nem faz sentido; então, o ar se aproxima mais da esfera de acesso livre do *continuum*.

Os *insights* de Ostrom foram profundos. Primeiro, é possível definir e garantir direitos de uso mesmo quando os direitos de propriedade não podem ser bem definidos. Segundo, as características de um recurso dificultam às vezes a definição dos direitos de propriedade; porém, a decisão de definir ou não direitos de uso é, amiúde, uma escolha política. Em casos como CPRs, onde as pessoas não conseguem definir direitos de propriedade ou escolhem não fazê-lo, elas podem desenvolver instituições que governem o uso compartilhado desse tipo de recursos, especifiquem direitos de uso, indiquem quem tem direito a que, além de comprometer alguns recursos para monitorá-los e garanti-los. Através de um *design* institucional hierárquico dentro das comunidades, Ostrom concluiu ser possível investimento e uso sustentável de recursos em comunidades que definiram e garantiram internamente os direitos de uso, permitindo o lucro e o progresso de seus membros. Seu trabalho mostra o papel dos direitos de propriedade e de uso para o uso sustentável de um recurso.

POR QUE OS DIREITOS DE PROPRIEDADE ALINHAM INCENTIVOS ECONÔMICOS E AMBIENTAIS?

A coordenação facilitada pelos direitos de propriedade é econômica e socialmente benéfica. Com os três elementos de Hume, um proprietário pode confiar que, mesmo se não estiver usando ou habitando a propriedade, ela não será tomada ou usada sem consentimento, e se for, o violador terá que pagar uma compensação por danos causados. Essas condições e seu grau de certeza relativa criam um contexto em que as pessoas produzirão, investirão, inovarão e conservarão, pois a relação entre suas ações e os custos e benefícios delas ao longo do tempo é clara.

Uma definição clara dos direitos de propriedade muda horizontes temporais e incentivos para se pensar sobre resultados futuros, alinhando incentivos econômicos e ambientais ao longo do tempo e espaço, além de induzir à conservação no curto prazo que permite ganho econômico sustentável no longo prazo. A escolha institucional afeta esses incentivos e determina com que exatidão os direitos de propriedade serão definidos. Determina também o horizonte futuro de avaliação dos *tradeoffs* das pessoas.

Veja o exemplo do parque e da praia, e a escolha de limitar ou não o acesso pela cobrança de uma taxa por usuário. Um município limita acesso, o outro não, e essa escolha afeta a qualidade da praia, os recursos disponíveis para conservá-la e o nível de congestionamento ou uso excessivo da praia. A comparação não é hipotética – a cidade onde vivo, Chicago, não restringe o acesso à praia, ao passo que o subúrbio subjacente de Evanston, sim, e as duas praias diferem em qualidade e congestionamento. Seja qual for o recurso – praias, sistemas de irrigação ou ar –, a escolha institucional importa.

Note que os direitos de propriedade podem não funcionar perfeitamente para alinhar incentivos econômicos e ambientais em épocas e lugares diferentes, ou para mitigar problemas de conhecimento privado difuso. Na realidade, nenhuma das outras instituições alternativas de regulação ambiental que desenvolvemos e usamos funcionam perfeitamente – a regulação de comando e controle ou a autogovernança comunitária não atingem a perfeição. Assim, ao avaliar o desempenho de três abordagens institucionais diferentes (direitos de propriedade, autogovernança comunitária de um CPR ou regulação governamental de comando e controle), é fundamental comparar os efeitos prováveis e realistas dessas instituições, e não sua concepção teórica (no papel). É ilusório comparar um sistema ideal de controle burocrático com um sistema realista de regulação por direitos de propriedade, assim como é injusto comparar um esquema regulatório-burocrático realista com uma alternativa idealizada de direitos de propriedade e, então, julgar inferior o regime burocrático. Por essa razão, a análise da política ambiental exige muito trabalho de campo que envolve uma mescla de ciências sociais com ciências ambientais.

POLÍTICA AMBIENTAL BASEADA NA PROPRIEDADE EM AÇÃO

Algumas das políticas ambientais mais efetivas das últimas duas décadas usaram esses *insights* para alinhar incentivos econômicos e ambientais sem cair nas armadilhas de regulação de comando e controle. Um exemplo notável nos Estados Unidos é o combate à chuva ácida. A Agência de Proteção Ambiental criou um programa de licenças de emissão comercializáveis pelo direito de lançar dióxido sulfúrico na atmosfera (grande parte vindo da queima de carvão betuminoso para geração de energia.).

O efeito desse programa foi inequívoco. No primeiro ano, as emissões caíram 25% abaixo dos níveis de 1990, e em mais 35% abaixo dos níveis de 1980. Em 2000, já estavam cerca de 40% abaixo dos níveis de 1980. Sob a abordagem "comando e controle" usada antes das emendas de 1990, os custos de redução tinham sido quase três vezes maiores – US$ 2,6 bilhões anualmente, em comparação aos US$ 747 milhões sob o esquema de "comércio de licenças".[116]

A pesca é outra área em que uma abordagem de direitos de propriedade gera resultados sustentáveis inatingíveis pela regulação tradicional de comando e controle. Nos anos 1980, a má definição de direitos de propriedade na pesca criou uma tragédia dos bens comuns, isto é, a pesca excessiva de muitas espécies. A regulação tradicional levou à redução da temporada de pesca de muitas espécies de diversos meses para dois ou três dias por ano.[117] Um outro método de regulação, as cotas individuais de pesca (IFQ na sigla em inglês, ou cotas de pesca), concede ao pescador uma parte da pesca total permitida (TAC). Esse direito é transferível, tornando o IFQ um ativo.

> As IFQs são interessantes por duas razões distintas. Primeiro, cada cotista tem a certeza de que a sua parte do TAC não será pescada por outra pessoa ... Segundo, a portabilidade das cotas permite que sejam realocadas por meio das vendas, de modo que, cedo ou tarde, estarão nas mãos dos pescadores mais eficientes, isto é, daqueles com os menores custos ou a maior qualidade; portanto, gerando o maior valor agregado.[118]

O sistema de IFQs é utilizado em países como Islândia e Nova Zelândia, e resultou na estabilização das populações de peixes e, até mesmo, em seu crescimento proporcional às receitas do negócio.

Uma aplicação controversa dos direitos de propriedade foi implementada em lugares como Botswana, que usa a propriedade comunitária e os direitos de caça para preservar a vida selvagem. Uma política que transfere os direitos sobre a vida selvagem aos moradores dos vilarejos a transforma em um ativo – eles lucram ao preservar a natureza para safáris e ecoturismo (e para o turismo de caça, onde eles determinam as licenças de caça). Esse lucro os induz a desencorajar e perseguir caçadores ilegais. Um exemplo do sucesso dessa política é a recuperação da população de rinocerontes brancos em Botswana comparada ao declínio das populações de animais selvagens em países como o Quênia, que usam a regulação tradicional anticaça com pouco sucesso.[119]

CONCLUSÃO

Os direitos de propriedade geram resultados econômicos e ambientais benéficos porque a propriedade privada promove a boa gestão. Mas definir e garantir direitos de propriedade é caro. Logo, mesmo que existissem direitos de propriedade puros, não seriam adotados na maioria dos casos. Direitos de propriedade não precisam ser perfeitos para serem úteis na coordenação das ações individuais e na criação de incentivos compatíveis com a sustentabilidade.

Em alguns casos, definir direitos de propriedade não é possível; a maioria dos casos de poluição ou degradação ambiental é consequência de uma inabilidade ou indisposição política para defini-los ou garanti-los. Através da ação coletiva via autogovernança comunitária ou legislação estatutária, surgem instituições jurídicas que definem e protegem direitos de uso dos CPR, levando a resultados econômicos e ambientais valiosos.

Direitos de propriedade oferecem um meio imperfeito, mas poderoso, de ligar comportamento à responsabilidade, induzindo os humanos a considerar o impacto de suas ações sobre os outros no processo de tomada de decisão. Direitos de propriedade protegem tanto a liberdade para perseguir interesses quanto a responsabilidade de compensar os outros quando seus direitos forem violados. Eles também permitem às pessoas tomar interesses além do estritamente "egoísta", tais como proteger aves de rapina em risco de extinção.

6
A PRIMEIRA PESSOA DO SINGULAR: LITERATURA E RESISTÊNCIA INDIVIDUAL

Por Sarah Skwire

A arte revela verdades de outra forma perdidas de vista. Liberdade e responsabilidade são, às vezes, mais bem vistas em ação, e a ação é, com frequência, mais bem ilustrada na poesia e em histórias. O esforço pelo reconhecimento de sua própria identidade e garantia de sua justa posição contra o poder é um conflito por liberdade e justiça. Das mais belas histórias da antiguidade a Shakespeare, Mark Twain e Jogos Vorazes, a arte revela a ligação inescapável entre liberdade e responsabilidade. Ser uma pessoa livre é descobrir sua identidade e aceitar a responsabilidade por seus próprios atos. Sarah Skwire é fellow no Liberty Fund e coautora do popular livro-texto Writing with a Thesis (12ª edição, Boston: Wadsorth Publishing, 2014). Ela obteve seu doutorado em Inglês na Universidade de Chicago.

O POETA TOM WAYMAN ESCREVEU QUE, ATRAVÉS DOS bons poemas, "uma pessoa se pronuncia / em um mundo cheio de pessoas falando". A voz individual e comedida do poeta – ou do escritor de qualquer forma de literatura – e as vozes dos personagens que se pronunciam em suas obras servem, como argumentei em *Paz, amor e liberdade*,[120] para nos lembrar efetivamente de que os humanos não são uma massa amorfa constituída de partes indistinguíveis e intercambiáveis.

A primeira autora cujo nome conhecemos é Enheduanna, uma suma sacerdotisa da deusa Inanna, que viveu entre 2285 e 2250 a.C. Entre os poemas que sobreviveram está "A exaltação de Inanna", um cântico de louvor e súplica. Nela, Enheduanna detalha sua longa história de devoção a Inanna, e o desespero que sente pela destruição de seus rituais e de seu templo. Mas o mais notável sobre esse poema é o que a estudiosa Roberta Binkley chamou de "uma forte presença autoral sem igual na criação literária antiga até a época de Safo". A poesia de Enheduanna insiste em sua própria importância. Seu sofrimento não é apenas cultural, ritualístico ou em nome de seu povo. É pessoal.

> Não vivo mais no templo que criastes
>
> Veio o dia, e o sol me queimou
>
> Veio a sombra (da noite), e o vento Sul me aconchegou,
>
> Minha voz doce como mel se tornou estridente,
>
> O que me dava prazer virou pó...
>
> Eu, o que sou eu em meio a todas as criaturas vivas!

A voz de Enheduanna é um grito individual de protesto contra o sofrimento e a injustiça.

Ouvimos o mesmo clamor no Livro de Jó, quando ele reclama de como Deus o trata, e no Livro de Gênesis, quando Abraão argumenta que Deus está agindo injustamente ao destruir Sodoma. No entanto, as primeiras histórias não protestam apenas contra a injustiça divina. Em "o pobre homem de Nippur", uma história acadiana de 1500 a.C, o empobrecido Gimil-Ninurta tenta compartilhar a sua única posse – uma cabra – com o prefeito.

Quando o prefeito aceita a cabra e, em troca, apenas lhe dá alguns restos de comida e cerveja azeda, Gimil-Ninurta jura vingança e a empreende com trapaças e violência. Por fim, desgraça o prefeito e o agride em três ocasiões, deixando-o à beira da morte. Sábio ou inconsequente, bravo ou brutal, Gimil-Ninurta certamente é um indivíduo, e um indivíduo que se revolta contra o tratamento injusto do Estado.

Esse tipo de protesto, o protesto do indivíduo contra a autoridade, deveria ser do maior interesse possível de quem ama a liberdade. Mais de mil anos após "O pobre homem de Nippur", e menos de 100 anos antes do Livro de Jó, a peça *Antígona,* de Sófocles, nos apresenta uma heroína que se recusa a permitir que uma nova lei anule sua responsabilidade religiosa de enterrar seu irmão falecido. Em vez disso, ela sai dos portões da cidade, realiza rituais para ele, repete-os quando o corpo é novamente profanado, e resiste firmemente à autoridade. Como os guardas que a prenderam observam: "Ela não temeu / nem mesmo quando a acusamos de crime. / Ela não negou nada". De fato, ela confessa seu crime diretamente ao governante, dizendo a ele que sua força não é nada perante as leis dos deuses. E quando é condenada à morte por seus atos, ela anuncia: "A minha morte / não tem importância; mas se tivesse deixado meu irmão / morto sem enterro, teria merecido sofrer muito. / Agora, não sofrerei". A rebeldia de Antígona é em nome do espírito de seu irmão, é claro, mas também é em nome de seu próprio direito de praticar rituais religiosos, e dos direitos dos deuses de terem suas leis observadas, em vez de revogadas pelo Estado.

O crescimento do Estado e sua influência sobre a vida privada dos cidadãos e súditos deu origem a um número crescente dessas manifestações de protesto individual. As tragédias de Shakespeare estão repletas de pequenos momentos em que indivíduos aparentemente insignificantes defendem abertamente seus direitos e responsabilidades diante de governantes tirânicos. O servo do jardineiro em *Ricardo II*, por exemplo, argumenta que a deposição de Ricardo do trono é apenas um sinal de que o reino seguiu o exemplo de desordem e tirania de seu rei:

Por que causa devemos observar, no âmbito estreito deste recinto, a lei, a forma e todas as proporções, mostrando, como exemplo digno de ser seguido, o nosso Estado de fundamentos firmes, quando é certo que nossa terra, esse jardim cercado pelo mar, está cheio de cizânias, suas flores mais belas se estiolam, asfixiadas, as árvores frutíferas carecentes de poda, arruinadas as sebes, os canteiros em desordem e as ervas boas cheias de lagartas?[121]

O jardineiro responde que Ricardo deveria ter seguido o exemplo do jardineiro: "Que pena não ter este cultivado o país / Como o fazemos com o jardim!".

O servo que dá sua vida enquanto luta contra a tentativa de arrancar os olhos de Gloucester em *Rei Lear*; a rebelião de Macduff contra Macbeth; o confronto de Paulina com o "lorde mais indigno e antinatural", Leontes, rei da Sicília, por sua tirania doméstica – todos esses são momentos de resistência e bravura do espírito individual contra o poder do Estado.

O Estado moderno desperta protestos similares. Romances distópicos da metade do século XX escritos em resposta à ascensão de várias formas de coletivismo mostram com frequência precisamente esse tipo de rebelião pessoal e individual contra o comando e controle. Pense no personagem Winston Smith, de Orwell, que se escondia da teletela, escrevia em seu diário e buscava formas sutis de resistir ao Grande Irmão ao longo da obra *1984*. Considere o romance *Nós*, de Yevgeny Zamyatin, que se passa em uma sociedade que ensina que "... o conhecimento de si, o reconhecimento da própria individualidade, só o têm o olho onde acaba de cair um grão de pó, o dedo esfolado, o dente com dores. Quando sãos, o olho, o dedo, o dente não têm existência alguma. Não prova isto claramente que a consciência de si é de fato uma doença?".[122] Em meio a tentativas constantes de erradicar a identidade individual, os cidadãos de *Nós*, que nem nomes têm, seguem encontrando formas de se rebelar e insistir em sua autonomia – fumando, bebendo ou amando. No final do romance, essas pequenas rebeliões somadas produzem um movimento de resistência que faz ruir o Muro Verde que separa o Estado Único coletivista das planícies selvagens.

Para muitos leitores, o romance distópico que melhor retrata o poder da resistência individual contra o Estado coletivizante e totalitário é *Cântico,* de Ayn Rand. A sociedade descrita em *Cântico* teve sucesso no projeto proposto em *Nós* de Zamyatin. A individualidade foi eliminada a ponto de os pronomes singulares terem sido extintos. É difícil negar o poder da cena em que a personagem feminina luta para expressar afeto pelo narrador, mas lhe faltam palavras para fazê-lo.

> — Amamos vocês.
>
> Depois disso, franziram as sobrancelhas, balançaram a cabeça e olharam para nós vulneravelmente.
>
> — Não — sussurraram —, não era isso que pretendíamos dizer.
>
> Fizeram silêncio, depois falaram lentamente, e suas palavras eram hesitantes como a fala de uma criança que aprende a falar pela primeira vez:
>
> — Nós sozinhas... sozinhas... apenas nós... amamos unicamente vocês... sozinhos... e apenas vocês.
>
> Olhamos nos olhos um do outro e soubemos que o sopro de um milagre havia nos tocado e depois partido, nos deixando à procura dele em vão.
>
> E nós nos sentimos despedaçados, despedaçados por alguma palavra que não conseguimos dizer.[123]

Dois capítulos depois, ocorre a redescoberta do pronome da primeira pessoa do singular com as frases "Eu existo. Eu penso. Eu quero" que destrói o controle sufocante do Estado sobre a mente do indivíduo, e o narrador de Rand sabe disso. "Estas são as palavras. Esta é a resposta."

A popularidade recente de romances e filmes distópicos – em particular para jovens adultos – sugere que ainda existe demanda por histórias que retratam a rebelião dos indivíduos contra um Estado opressor. Hoje, essa mensagem é transmitida por Katniss Everdeen, de *Jogos Vorazes*, em vez de Winston Smith; Jonas, de *O doador de memórias,* em vez de D-503, de Zamyatin; Lena Haloway, de *Delírios do passado,* em vez de Igualdade 7-2521, de

Cântico. Ela aparece também na série de televisão *Demolidor*, no diálogo entre o herói vigilante Demolidor e seu arqui-inimigo, Rei do Crime.

> Matt Murdock/Demolidor: Não, não estou tentando ser um herói. Sou só um cara que se cansou de homens como você e decidiu fazer algo a respeito.
>
> Wilson Fisk/Rei do Crime: É isso que o torna perigoso. Não é a máscara. Não são as habilidades. É a sua ideologia. O homem solitário que acha que pode fazer a diferença.

Os nomes dos heróis podem mudar, assim como os meios que nos trazem essas histórias. Mas a mensagem de que o indivíduo tem a capacidade de resistir ao Estado – e a responsabilidade de usar esse poder – permanece.

Mesmo reconhecendo o poder dessas muitas representações, existe um exemplo literário do poder da resistência individual que é, para mim, o mais tocante. Ao final da obra *As aventuras de Huckleberry Finn*, de Mark Twain, Jim – o escravo fugido que foi o companheiro de viagem, amigo e figura paterna de Huck em grande parte do romance – é capturado. Huck sabe, pois foi ensinado a saber, que Jim é propriedade de outra pessoa. Huck também sabe que roubar é um pecado que o condenará ao inferno. Seu dilema enquanto decide se deveria ser bom e puro, contando ao dono de Jim onde encontrá-lo, ou se deveria ser mau e impuro, ajudando Jim a escapar, são as formulações mais bem-feitas que pude encontrar sobre o que significa resistir ao poder de um estado corrupto e de uma cultura corrupta.

Inicialmente, Huck resolve escrever ao dono de Jim. Ele faz isso, mas pausa.

> Eu me senti tão bem e tão limpo e sem pecados como nunca tinha me sentido em toda a minha vida, e sabia que agora podia rezar. Mas não rezei em seguida, só coloquei o papel no chão e fiquei ali pensando – pensando em como era bom que tudo tinha acontecido desse jeito e como eu tive perto de me perder e ir pro inferno. E continuei a matutar. Então comecei a pensar sobre a nossa viagem pelo rio, e vi Jim na minha frente, o tempo todo, de dia e de noite, às vezes com

luar, às vezes tempestades, e a gente flutuando, conversando, cantando e rindo. ... Aí aconteceu de eu olhar ao redor e ver aquele papel.

Tava num aperto. Apanhei o papel e fiquei com ele na minha mão.

Tava tremendo, porque tinha que decidir, pra sempre, entre duas coisas, e sabia disso.[124]

Estamos com Huck nessa decisão. Ele não é um herói. Ele não é um grande homem. Ele é um jovem sem estudos, criado em meio a violência, racismo e pobreza. Huck só fez o que sentia ser a única coisa boa que jamais faria. Ele retornou uma posse valiosa ao seu dono. Huck fez tudo que todos ao seu redor – seu governo, seus professores, seus amigos – teriam dito ser a coisa certa, honesta e honrada a fazer.

E não consegue fazê-lo. Ele não consegue se forçar a ver o mundo como os outros veem.

E, então, molha a nota de lágrimas. "Parece, então, que IREI para o inferno."[125]

A escolha de Huck de negar tudo que foi ensinado a considerar bom e correto para salvar um homem que ele fora ensinado a ver como mera propriedade é certamente um dos maiores triunfos do indivíduo sobre a coerção poderosa de erros culturais e políticos.

O poema "Spelling", de Margaret Atwood, nos lembra de que "uma palavra depois da outra / depois da outra é poder". E ela nos diz – pensando talvez nos autores antes e depois de Enheduanna cujos nomes nunca saberemos, e talvez nos narradores sem nome de muitas ficções distópicas – que devemos aprender a escrever:

seu próprio nome primeiro,

seu primeiro nome, seu primeiro nome.

sua primeira palavra.

Usar o seu nome, usar a primeira pessoa do singular, defender isso como seu direito e responsabilidade é começar a lutar pela liberdade.

7
REGRAS E ORDEM SEM O ESTADO

Por Philip Booth e Stephen Davies

O controle governamental é o único meio de regulação da interação humana? Ou existem outros mecanismos pelos quais regular o comportamento de indivíduos e grupos de modo a reduzir o conflito e gerar maior coordenação e harmonia social? Quem estabelece as regras que regulam trocas, e como são garantidas? A história fornece exemplos instrutivos de instituições regulatórias sem o Estado. Diz-se com frequência, como uma questão de fé, que algumas interações econômicas só podem ser controladas pelo Estado. Contudo a análise histórica de dois dos "casos mais concretos" – uso da terra e risco financeiro – mostra que as instituições regulatórias não estatais fornecem regulação sem coerção ou incentivos perversos e "busca de renda" oriundos do controle estatal. Philip Booth é professor de Finanças, Políticas Públicas e Ética na Univerdiade de St. Mary, Twickenham, e direitor de pesquisa no Institute of Economic Affairs em Londres. Steve Davies é historiador e chefe de programas educacionais no Institute of Economic Affairs.

UM DOS TRUÍSMOS MAIS REPETIDOS É QUE TODA ATIVI-
dade econômica precisa de regulação. Então, por que existe tanto debate em torno desse tema e, notavelmente, tanta confusão e desentendimento entre as pessoas? Como ficará claro, uma razão é a falta de atenção às evidências da história econômica e aos exemplos da vida real. No entanto, o motivo mais importante é que o próprio conceito ou ideia básica de regulação costuma ser pouco entendido e definido. Em outras palavras, muitos aceitam uma definição de regulação que pressupõe que ela só pode ser feita por uma instituição. Por sua vez, isso faz com que a discussão seja pautada sobre uma falsa dicotomia: regulação estatal ou nenhuma regulação.

Etimologicamente, algo é regulado quando segue um fluxo regular (e não randômico ou errático) e é guiado ou limitado por regras. Quando aplicado às interações humanas, significa um estado de coisas em que as pessoas não podem simplesmente fazer o que querem; suas ações são guiadas por regras, e os resultados coletivos são produto das interações das escolhas de agentes individuais restringidos por essas regras. Nesse ponto, surgem diversas questões. Em particular, que tipos de regras são necessárias, e quem ou o que pode criá-las e garantir seu cumprimento? A confusão perante essas questões leva a mal-entendidos inevitáveis. A cooperação humana depende de regras. Assim, o conteúdo, a fonte e o cumprimento das regras merecem reflexão cuidadosa; é um grave erro meramente supor, sem maior reflexão ou estudo, que elas só podem ser criadas de uma forma. O controle estatal do comportamento não é a única opção, como evidenciam os casos de estudo a seguir.

No que tange ao conteúdo e à natureza das regras, é comum a crença de que elas deveriam ter certas características. Primeiro, devem ser conhecidas e entendidas por todos, ou pela maioria dos participantes da atividade que regulam (de outra forma, não teriam propósito). Segundo, deve haver instituições, mecanismos ou práticas que garantam seu cumprimento. Terceiro, deve haver sanções por infrações às regras, bem como recompensas por seu cumprimento. É comum a crença de que as regras deveriam ser explícitas ou demonstradas claramente em termos que englobam e tratam de todas as situações possíveis. Em outras palavras, regulações são regras compreensíveis, explícitas e detalhadas codificadas sob a forma escrita. Qualquer coisa menos que isso é uma falha da regulação ou sua completa ausência.

Presume-se que, para que existam regras, deve haver uma referência, isto é, uma pessoa ou instituição (grupo de pessoas, em outras palavras) que seja a fonte dessas regras. Na ausência dela, não haveria regras. Presume-se, então, que a fonte das regras seja o governo ou um de seus agentes. Se essa entidade não existe ou escolhe não impor regras, segue o argumento, não haverá quaisquer regras – ou seja, o caos.

Contudo, essa dicotomia – de regulação estatal ou nenhuma regulação – é falsa. Existem outras alternativas. Pesquisas históricas mostram que a regulação nem sempre exige regras escritas codificadas, uniformes e meticulosas. (De qualquer forma, tamanho detalhamento é teoricamente impossível.) Tampouco estamos limitados a uma escolha entre as regras criadas pelo Leviatá de Hobbes ou a guerra de todos contra todos, que, segundo ele, é o estado natural do ser humano. A realidade é que regulação no sentido descrito, ou seja, atividade limitada por regras, é possível sem que as regras e instituições de controle associadas sejam criadas diretamente pelo Estado. E não é apenas uma possibilidade: podemos vê-las ao nosso redor. Elas podem surgir, e de fato surgem, espontaneamente dos esforços de cooperação das pessoas em busca de seus objetivos. Com frequência (embora nem sempre), o governo permite o surgimento dessas regras, mas, nesses casos, não é o governo que as cria ou garante seu cumprimento.

Assim que buscamos interações governadas por regras, concluímos que grande parte da vida humana é regulada dessa forma. Embora grande parte das regras que governam as interações humanas não tenham sido criadas pelo governo, ele pode criar uma estrutura geral de estado de direito que facilita o processo cooperativo de criação de regras e instituições de controle.[126] Exemplos óbvios incluem a linguagem, os esportes e os códigos de etiqueta social, mas existem muitos outros. Observa-se hoje esse processo no surgimento de regras que governam transações via internet pelo eBay, Etsy e demais sites de comércio on-line. Há uma vasta riqueza de exemplos empíricos de regimes regulatórios não governamentais na gestão de recursos naturais (muitos desses estudos vêm da obra de Elinor Ostrom e seus alunos).[127]

Nesses casos, os sistemas de regras normalmente diferem em caráter das regulações criadas através de processos políticos. Os que evoluem vêm de baixo para cima com regras que surgem localmente por processos espontâneos e não planejados, mesmo que as ações que levam a elas sejam propositais. Alguns são propostos e aceitos por aqueles a quem governam. O nível de detalhamento varia consideravelmente; alguns incorporam regras muito explícitas, enquanto outros confiam em normas menos articuladas. Sistemas regulatórios evoluídos podem variar de indústria para indústria, de localidade para localidade, e podem não ter a uniformidade ou a padronização que caracteriza regimes projetados. Normalmente, têm um grau elevado de flexibilidade e variabilidade, característica comum a todos os processos evolucionários; o sistema como um todo muda com o tempo em resposta à mudança de circunstâncias, de modo fragmentado, disperso ou local, e não geral e uniforme. Inovações em uma localidade ou sistema podem ser tentadas, provando-se úteis, e replicadas em outro lugar; ou tentadas, provando-se inúteis, e abandonadas.

É comum estarem ligados a padrões ou dimensões mais amplas da vida social e suas instituições. Seu ponto forte é que eles se utilizam do conhecimento disperso e tácito ou desarticulado (com frequência, inarticulável): e é justamente por isso que são mais eficientes do que as alternativas governamentais. (Sistemas regulatórios não governamentais adotados voluntariamente têm a vantagem de poder ser modificados ou descartados, caso falhem em criar ou fazer cumprir regras úteis. Os exemplos incluem as regras de associações de condomínio, clubes, estatutos sociais e outros sistemas, embora mesmo esses incorporem invariavelmente muitas regras que resultaram da evolução, em vez de projeto.)

Como podemos comparar a efetividade de sistemas de regulação governamentais e não governamentais? Podemos recorrer à história econômica e seus muitos exemplos concretos de ordens regulatórias. Exemplos históricos em muitos casos têm a vantagem de terem sido estudados, e suas práticas, registradas e capturadas. Além disso, muitas dessas ordens regulatórias surgem em algum momento e, depois, são abolidas ou acabam por colapsar. Estudar a origem e o fim dessas instituições nos ajuda a entender como e sob quais condições elas prosperam ou fracassam. Estudá-las também corrige mal-entedidos. Às vezes, estados de coisas ordenados (que sofrem regulação direta de instituições não governamentais) são mostrados como exemplos de caos, arbitrariedade e desordem, simplesmente por não estarem sujeitos ao controle estatal.

REGRAS ESTATAIS OU INSTITUIÇÕES DE MERCADO?

Todos os mercados são regulados, isto é, existem regras que os governam. É comum, mas errôneo, supor que apenas o Estado pode estabelecer as regras ou os mecanismos de aplicação. A pergunta fundamental da política pública, que raramente é feita, não é se deveria haver regulação, mas "quem deveria regular?". A seguir, analisaremos dois casos em que geralmente pensamos que a regulação estatal é necessária. Retiramos nossa evidência primariamente do Reino Unido (onde vivemos), e ela mostra que a regulação estatal não é nem inevitável, nem sempre necessária. Os dois casos em que iremos nos concentrar são o uso da terra e o sistema financeiro.

É claro, esses dois "casos" não são únicos. Em muitas esferas reguladas da vida, não é o Estado que oferece a regulação. Considere os restaurantes de comida rápida: muitos McDonald's pertencem e são administrados de forma independente, mesmo dentro de um sistema de franquia. Para proteger o valor da marca e garantir a qualidade uniforme, o McDonald's supervisiona no detalhe a operação, os itens do menu, os ingredientes, os preços, as medidas sanitárias, o treinamento de funcionários, entre outras coisas.

É comum supor que a Igreja Católica, devido a seu ensinamento social, está comprometida com níveis elevados de intervenção e regulação estatais. No entanto, em seu documento oficial sobre a questão, ela afirma: "Outra tarefa do Estado é supervisionar e controlar o respeito aos direitos humanos no setor econômico. Fica claro, todavia, que a responsabilidade primária nessa área não pertence ao Estado, mas sim aos indivíduos, grupos e associações que formam a sociedade".[128] Ao longo do tempo, todavia, o avanço da regulação estatal sobre muitos setores excluiu instituições da sociedade civil, incluindo instituições regulatórias privadas.

A reação à crise financeira de 2007-2008 indica como as instituições regulatórias estatais são criadas e geridas. No início da crise, dezenas de milhares de páginas de regulações foram escritas e promulgadas. Estima-se que a Lei Dodd-Frank nos Estados Unidos, somando-se suas regulações associadas, chegasse a 30 mil páginas.[129] Até 2011, cerca de 14.200 novas regulações financeiras tinham sido criadas ao redor do mundo. Essa já era a tendência antes mesmo da crise financeira. Afirma-se repetidamente que houve um período de desregulação antes da crise financeira, e que a crise foi consequência dela. Não foi esse o caso, certamente, no Reino Unido. Como o economista-chefe do Banco da Inglaterra, Andrew Haldane, notou: "Em 1980, havia um regulador no Reino Unido para cada 11 mil pessoas empregadas no setor financeiro do país. Em 2011, um para cada 300".[130] De fato, se o número de pessoas trabalhando em finanças e o número de reguladores financeiros no Reino Unido seguir a mesma tendência de 2011 a 2060, naquele ano haverá mais reguladores do que pessoas trabalhando no setor – excluindo da conta executivos de *compliance* e outros que trabalham em questões regulatórias dentro das próprias firmas financeiras. Até pouco tempo atrás no Reino Unido, o Financial Services Authority (FSA) era o único órgão responsável pela regulação financeira. Hoje, suas responsabilidades foram divididas. Calcula-se que 4 milhões de palavras de regulação financeira foram geradas por apenas um dos órgãos que sucederam o FSA.[131]

Há forte evidência de que os sistemas de regulação estatal não funcionaram. Não apenas os sistemas complexos de regulação financeira adotados no Reino Unido em 1986 e nos Estados Unidos na década de 1930 não evitaram a crise financeira, mas, de muitas formas, contribuíram para disseminá-la ao redor do globo.[132] Além disso, encorajam muitas formas de comportamento irresponsável que levaram à falência de bancos e outras instituições financeiras em 2007-2008. Certamente, há pouca evidência de que os reguladores tinham *insights* especiais que lhes teriam permitido controlar o comportamento dos agentes do mercado financeiro de formas benéficas. Governos e seus reguladores encorajaram empréstimos para tomadores pouco qualificados; incentivaram a securitização; subestimaram o risco dos empréstimos; e distorceram a forma como as agências de risco classificavam o grau de risco de instrumentos que geraram perdas financeiras descomunais.[133] Em abril de 2007, Paul Tucker, posteriormente nomeado vice-presidente do Banco da Inglaterra, discursou sobre o processo de securitização: "Parece haver bons motivos para saudar a dispersão do risco possível pelos instrumentos, mercados e instituições modernas".[134] Essa declaração foi dada apenas alguns meses antes do fracasso retumbante da Northern Rock, uma instituição que vinha financiando seus empréstimos via securitização. Tucker não estava necessariamente errado; de fato, estava provavelmente certo. No entanto, não deveríamos confiar que os reguladores estatais possam prever e evitar problemas nos mercados. Os reguladores estatais falharam em antecipar a crise financeira.

Não se trata apenas de confiarmos demais nos reguladores estatais para resolver problemas e melhorar o mundo. Nós também negligenciamos o papel – às vezes por completo – que as instituições regulatórias privadas podem ter, especialmente nos mercados financeiros.

Em outros mercados, existem muitas instituições regulatórias privadas que parecem mais fortalecidas em consequência da economia compartilhada e do uso da internet para o comércio de bens e serviços e, principalmente, para a avaliação de bens e serviços. E elas sistematicamente superam o desempenho dos reguladores estatais. Por exemplo, a Visit England é um órgão financiado pelo governo que promove o turismo. Criada como órgão governamental, ela hoje é independente, porém muito próxima à supervisão estatal. Enquanto órgão governamental, a Visit England desenvolveu um sistema de classificação de hotéis e acomodações em geral. Consulte o Visit England para verificar acomodações na popular cidade de Stamford, por exemplo, e só encontrará dois hotéis em um raio de 10 km, classificados com a mesma nota, o que não ajuda muito. Por outro lado, o TripAdvisor, um serviço privado de classificação, mostra cerca de 20 imóveis com classificações específicas e milhares de opiniões de visitantes. É difícil imaginar qualquer justificativa para manter um serviço de classificação ligado ao governo.

Em alguns setores, a regulação governamental inviabiliza diretamente a regulação privada. Alguém poderia questionar a falta de serviços como o TripAdvisor no setor financeiro. Uma resposta é que a atividade financeira é tão regulada que os riscos e as responsabilidades envolvidos seriam proibitivos. No Reino Unido, oferecer consultoria financeira sem autorização de uma agência governamental pode render uma condenação a dois anos de prisão.[135] Além disso, as linhas que delimitam opinião, aconselhamento e informação são tão tênues que ninguém se arriscaria a cruzá-las.

Fica claro que a regulação pode existir em muitos setores sem a presença do Estado, e que o Estado levou à falência muitas instituições e práticas regulatórias não estatais. O mais interessante é que, até recentemente, o Reino Unido tinha um setor financeiro amplo e próspero, com pouca regulação governamental. Este será o tema de um dos estudos de caso a seguir. Mas, antes, analisemos uma área em que a regulação estatal parece imprescindível: uso e desenvolvimento da terra.

PLANEJAMENTO SEM PLANEJADORES GOVERNAMENTAIS: HABITAÇÃO E DESENVOLVIMENTO

Os sistemas que se desenvolveram espontaneamente, sem o Estado, para governar o desenvolvimento urbano no Reino Unido no século XVIII são particularmente elucidativos. Hoje, o desenvolvimento urbano é fortemente regulado pelo governo através de leis estatutárias (como a Town and Country Planning Act, lei de planejamento de cidades e países, no caso britânico), e por uma ampla gama de regulações de governos locais (tais como leis de zoneamento nos Estados Unidos e regulações de construção e planejamento no Reino Unido). A narrativa histórica dominante sugere que, antes do século XX, o desenvolvimento urbano era caótico e que cada proprietário ou empreiteiro poderia fazer o que quisesse sem considerar o impacto de suas ações sobre os outros.[136] O resultado, supostamente, eram favelas terríveis, e um desenvolvimento desordenado e esteticamente feio. (Uma visita a lugares como Bath e Bloomsbury pode lançar dúvidas sobre essa narrativa, é claro.) É interessante que essas mesmas pessoas reclamem do "crescimento dos subúrbios" nos Estados Unidos sem entender que ele está associado e é amplamente causado pelos regimes regulatórios do governo.[137] Protestos contra a feiura e a péssima qualidade dos prédios públicos e privados na Grã-Bretanha anteriores a 1948 também surpreendem, quando consideramos a péssima qualidade daqueles construídos desde então.

Na verdade, o processo de desenvolvimento urbano no Reino Unido nos séculos XVIII e XIX era fortemente regulado, mas não pelo governo. Seu regime de regras e instituições não dependia nem derivava de estatutos ou normas de agências governamentais. O Estado o "avalizava" através do sistema judiciário que garantia contratos, mas não ia além disso. Em vez do planejamento governamental, havia regulações bem detalhadas que faziam uso de contratos privados e diversas práticas comuns do direito comum [common law]. O sistema era flexível, já que respondia aos sinais dos preços do próprio mercado imobiliário.

Durante esse período, embora houvesse muitos projetos de pequena escala, a maior parte do crescimento em larga escala de cidades após a década de 1730 baseava-se em grandes lotes de terras. Às vezes, como em Southport, Eastbourne ou Cardiff, envolvia a construção de uma cidade inteira. Em outros lugares, como em Londres, Newcastle e Edimburgo, desenvolvia-se em grandes áreas dentro de cidades já existentes. Às vezes, desenvolvia-se a propriedade de um grande locatário, como a de Cadogan em Chelsea, por exemplo. Em outros casos, um desenvolvedor fazia um grande loteamento de pequenos terrenos, como em alguns projetos de Thomas Cubitt.

Esses projetos não eram executados de forma aleatória. Mesmo que, como costumava ser o caso, cada parte individual de um loteamento fosse desenvolvida e trabalhada por um único empreiteiro (assim, cada rua tinha casas construídas em épocas e por pessoas diferentes), regras explícitas e detalhadas governavam o processo. Elas eram afetadas por acordos que estipulavam condições perpétuas e legais que faziam parte do aluguel ou contrato de venda original do terreno. Esses acordos uniam todos os proprietários atuais e futuros, e poderiam ser ativados pela autoridade residual do desenvolvedor original e seus herdeiros ou dos vizinhos. Alguns pontos eram negativos, e simplesmente proibiam certas coisas, como certos negócios e ofícios. Logo, o uso econômico de novas construções e o impacto das atividades dos habitantes de qualquer prédio sobre seus vizinhos eram meticulosamente regulados. (Assim, havia controle sobre o que hoje chamamos de externalidades.) Tais questões também poderiam ser resolvidas através da lei comum de perturbação, porém incorporá-las aos acordos de desenvolvimento tornava o processo muito mais barato e rápido em uma eventual quebra das regras, pois era apenas uma questão de fazer cumprir um contrato existente, não havendo necessidade de demonstrar dano ou perturbação em um tribunal.

Muitos outros tipos de acordo eram positivos, e estipulavam coisas como altura padrão das construções erigidas em um lote, tamanho e número de quartos, detalhes de decoração e aparência, padrões de construção e o uso de certos materiais. Essas exigências poderiam ser, e com frequência eram, surpreendentemente detalhadas e específicas; elas estabeleciam requisitos não apenas para o uso, digamos, de pedras em vez de tijolos, mas também sobre o tipo específico de pedra e os detalhes exatos da ornamentação, do tamanho e da forma das janelas, entre outros.[138] O resultado desse desenvolvimento harmônico e uniforme é visto em lugares como Bath. O ponto principal era que essas decisões eram tomadas não através do processo político, mas sim de contratos voluntários entre desenvolvedores individuais e clientes. Isso significava que as regulações aplicadas dependeriam do desenvolvedor individual e suas condições. Não havia um conjunto uniforme – e, portanto, impossivelmente complexo ou rígido – de regulações para um distrito, menos ainda para um país inteiro.

Esses mecanismos regulatórios privados também interagiam no mercado, adaptando-se às preferências e às necessidades expressas pelas decisões de compra dos clientes. Assim, onde houvesse demanda por casas de luxo, os acordos seriam extensos e detalhados, ao passo que onde houvesse demanda por moradias baratas, as exigências gerais seriam mais limitadas. O processo fazia com que os desenvolvedores criassem um *layout* de infraestrutura de ruas, estradas, iluminação e (frequentemente) saneamento já no início do projeto.[139]

Em outras palavras, predominava um sistema não estatal e espontâneo de regulação que cobria *layout*, padrões de construção e materiais, *design*, aparência, qualidade, uso e segurança de uma forma flexível e responsiva. Além disso, ele normalmente criava comunidades coerentes, produto do padrão regular de uso misto que contemplava empreendimentos comerciais, residenciais e de lazer em uma mesma área. Era um sistema regulatório abrangente, descentralizado, variado, flexível, responsivo e independente do Estado. Sem dúvida, muito mais eficiente do que o sistema estatal que veio a substituí-lo.

E o que dizer das terríveis favelas da era vitoriana? Elas existiram, e de fato eram terríveis, mas precisamos avaliar criticamente a imagem sombria retratada por Dickens. A grande maioria da classe trabalhadora não vivia em favelas; em vez disso, habitava moradias modestas, porém adequadas para os padrões da época e dentro de suas condições financeiras. Os grupos mais pobres, que tinham renda irregular devido a empregos sazonais, encaravam as piores condições. A migração das pessoas de regiões atrasadas, pré-industriais, para o centro das cidades criou sérios problemas. Esses problemas já estavam a ponto de serem resolvidos pelas associações de caridade do final do século XIX e início do século XX, como a Peabody Trust, que criavam moradias robustas e de qualidade decente a preços baixos onde eram mais necessárias – no centro de grandes áreas urbanas e, em particular, em áreas de "drenagem" ou "captação".[140] Além disso, faziam uso de contratos para regular o comportamento dos inquilinos; mas essa é outra história.

Por que esse sistema não sobreviveu? À primeira vista, parece que essa alternativa de regulação privada se desmantelou depois de 1918, com mais força nos anos 1930. Essa década presenciou uma mudança dramática na forma e no padrão de crescimento e desenvolvimento urbano com o surgimento do que foi chamado "moradias geminadas". Em vez dos empreendimentos grandes e integrados, registrou-se na Grã-Bretanha o crescimento de áreas residenciais ao longo das principais vias que levavam à saída das cidades. O sistema de uso misto – comercial, residencial e de lazer – pareceu ter sido abandonado. O desenvolvimento também tinha menor densidade. O resultado foi um padrão de desenvolvimento nada atraente, que ameaçava o ambiente rural e semirrural e suas características. Esse fato levou à aprovação da Town and Country Planning Act [lei de planejamento de cidades e países] em 1947.

O que aconteceu? Claramente, a culpa não fora da falta de grandes lotes de terra disponíveis para desenvolvimento: a Primeira Guerra Mundial implicou um aumento significativo de terrenos no mercado devido ao número de mortes entre os proprietários de terras e a necessidade de pagar impostos sucessórios. O sistema anterior tinha sido revogado por decreto em 1910, e é tentador culpar essas mudanças pelo que acontecera. Contudo, elas eram muito limitadas para explicar a alteração súbita e dramática que ocorreu. A verdadeira razão foi a combinação de uma nova tecnologia e mudanças relacionadas à demanda do consumidor com políticas governamentais que permitiram a transformação nos padrões de desenvolvimento.

A nova tecnologia foi, é claro, o automóvel. Ele impactou a demanda imobiliária, permitindo às pessoas viver a uma distância considerável de seu local de trabalho. Nesse momento, o que a maioria desejava era ter uma casa e conforto em um ambiente semirrural, longe da agitação da cidade. Isso criou um dilema do prisioneiro e uma consequente "falha de mercado": todo comprador individual escolhia racionalmente comprar uma casa construída em grandes avenidas, mas o resultado coletivo não intencional, que prejudicava suas intenções, era o desenvolvimento da moradia geminada já descrito.

Por si só, isso não seria suficiente para reduzir a eficácia do sistema regulatório privado; a moradia geminada teria sido muito mais limitada se não fosse por um outro fator. Antes, as ferrovias tinham possibilitado o surgimento dos subúrbios, mas eles ainda eram construídos em grandes blocos respeitando o sistema regulatório supracitado. (O desenvolvimento da Edgerton Estate em South Manchester é um exemplo.) O novo fator crítico foi a expansão repentina do papel do governo. Antes de 1850, o sistema viário no Reino Unido era gerido e mantido em grande parte por consórcios de pedágio, órgãos privados autorizados pelo Parlamento a manter trechos de rodovias cobrando pedágio. Boa parte da pavimentação das áreas urbanas era feita pelos próprios desenvolvedores; onde não era, ficava a cargo de trustes como o Paving Trusts e o Town Improvement Trusts. De 1850 em diante, ambas as funções passaram ao controle das autoridades locais (conselhos municipais e condados): até então, sem envolvimento do governo nacional. Além disso, as estradas do final da Grã-Bretanha vitoriana continuavam tranquilas devido ao predomínio de viagens ferroviárias de média e longa distância.

Imediatamente após a Primeira Guerra Mundial, tudo isso mudou. Em 1919, surge o Ministério dos Transportes, que retira das autoridades locais o controle sobre todas as grandes estradas. Dada a rápida transição para o transporte motorizado (e a inadequação do sistema rodoviário, como revelado durante a guerra), o governo decidiu investir pesadamente na malha rodoviária. Como agora todas as estradas eram fornecidas gratuitamente para qualquer desenvolvedor que quisesse construir casas ao longo delas, grande parte do custo para indivíduos e desenvolvedores no subúrbio foi socializado entre todos os contribuintes. Isso removia o controle que tinha garantido o funcionamento eficiente do tipo de regulação privada já descrito. Em particular, essa política incentivou fortemente a construção de casas ao longo de estradas "gratuitas" que haviam sido fornecidas pelo Estado com o propósito de comunicação, e que agora ditavam o padrão de desenvolvimento. A alternativa de construir condomínios e projetos cuidadosamente planejados ligados a estradas pagas pelo desenvolvedor associado com organização privada e acordos restritivos estava agora relativamente mais cara do que confiar na provisão estatal.

A evidência da suburbanização ligada ao desenvolvimento das ferrovias é que, se desenvolvedores (e, por fim, clientes) tivessem que pagar os custos totais de sua primeira escolha, a adoção do padrão da moradia geminada teria sido menos comum, e ainda haveria um padrão de desenvolvimento integrado regulado por contratos privados.

O fato é que o que pareceria caos para o observador moderno era, na verdade, ordenado e regulado por mecanismos não estatais, e que eles eram vulneráveis à intervenção governamental.

REGULAÇÃO SEM REGULADORES GOVERNAMENTAIS: SISTEMA BANCÁRIO E FINANCEIRO

A autorregulação do sistema financeiro no Reino Unido

Até a década de 1980, além do estabelecimento de um sistema jurídico e da proteção de direitos de propriedade, havia pouca regulação governamental direta sobre o setor de seguro ou bancário[141] no Reino Unido. Hoje, temos regulação internacional, da União Europeia, e nacional sobre o capital dos bancos, que são obrigados a manter um nível de capital[142] determinado por um processo regulatório desnecessariamente complexo. Estipula-se um nível de capital que reduz a probabilidade de que a falência de um banco individual possa prejudicar o resto do sistema financeiro e, possivelmente, a economia real.

Em muitas áreas da atividade econômica, as pessoas regulam seu próprio comportamento porque enfrentam as consequências negativas de ações irresponsáveis. Pessoas ou negócios tomam medidas equivocadas, e permitimos que falhem, desde que paguem a conta. No cenário atual de forte regulação do sistema financeiro, é difícil imaginar que sempre foi assim quando se tratava de instituições financeiras. Mas essa é a verdade. Os bancos regulavam e restringiam seu próprio comportamento. E mais, seu comportamento também era restrito pelas escolhas de seus correntistas, que queriam instituições financeiras responsáveis.

Como Capie e Wood concluem no sumário de seu relatório de 2013, *Do We Need Regulation of Bank Capital? Some Evidence from the UK*, focado na regulação do capital bancário: "Uma análise do capital bancário mostra que os bancos ajustaram seu nível de capital em função dos riscos assumidos, e que estavam bem capitalizados em relação aos padrões estabelecidos pelos reguladores nos parâmetros de Basel I e Basel II (o regime internacional atual para regulação estatutária do capital bancário). De fato, quando da forte contração dos níveis de capital bancário após a Segunda Guerra Mundial, os bancos foram impedidos pelo Banco da Inglaterra de levantar mais capital, apesar de seus pedidos nesse sentido". Os autores também notam: "Durante esse longo período de gestão prudente do setor bancário, não havia nenhuma expectativa de que o Estado 'salvaria' um banco insolvente na Grã-Bretanha".[143]

Em outras palavras, os bancos se comportavam de forma sensata enquanto eram financeiramente responsáveis por suas decisões. É claro, alguns bancos faliam. O Banco da Inglaterra, como regulador, considerava seu papel proteger o sistema bancário como um todo caso um banco falisse, mas jamais teria agido para salvá-lo. Não há dúvidas quanto à superioridade dessa postura perante a adotada pelo engessado sistema bancário norte-americano, cujos bancos eram frágeis por não poderem diversificar suas operações. Entre 1870 e 1979, não houve nenhuma grande crise bancária no Reino Unido, e apenas duas crises pequenas. Os mecanismos regulatórios não estatais funcionavam bem. Esse sistema de regulação pareceu ruir tão logo o Estado sistematizou o risco moral através de garantias estatais; quando bancos, credores e depositantes descobriram que decisões de risco seriam, pelo menos em parte, "corrigidas" pelo Estado, o comportamento de risco aumentou. Isso ficou ainda mais evidente nos Estados Unidos: o (ab)uso da função do BC de emprestador de última instância;[144] o resgate dos detentores de títulos; a garantia de depósitos; a subscrição da securitização hipotecária pelo governo norte-americano; a frágil lei de falências; a gestão da política monetária; tudo isso alterou a definição interna de risco dos bancos, mudando seus incentivos e, portanto, seu comportamento.[145] Isso aconteceu em menor medida no Reino Unido, mesmo que um nível limitado de garantia de depósitos já fosse realidade desde 1979.

Outros aspectos de serviços financeiros também foram amplamente livres de intervenção ou regulação do Estado durante o período de 1870 a 1986 – novamente, em contraste com os Estados Unidos. No Reino Unido, o seguro de vida era regulado consistentemente com a liberdade de contrato.[146] A Life Assurance Companies Act [lei de companhias de seguro de vida] de 1870 exigia a publicação de informações contábeis, feita através do Board of Trade (um departamento governamental). Ao longo do tempo, o governo passou a se envolver mais na análise do que lhe era passado; todavia, por muito tempo ele se limitou a publicar a informação ou qualquer correspondência que trocasse com a companhia. Havia um conjunto especial de procedimentos que guiava a liquidação ordeira das seguradoras em caso de falência, garantindo que todos os credores recebessem o que lhes era de direito.

Toda essa estrutura jurídica funcionava bem, e permaneceu intacta por mais de 100 anos. Até a década de 1980, o regime regulatório para os fundos de pensão também era liberal e refletia as melhores tradições do direito comum britânico.

No caso dos bancos, dos fundos de pensão e das seguradoras, o próprio mercado criava instituições para lidar com as preocupações de seus clientes. Os fundos de pensão eram amplamente livres de controle ou regulação estatais, porém os ativos eram depositados em trusts, cujos responsáveis tinham um dever fiduciário de agir no melhor interesse dos membros do fundo, investindo com prudência. Em resumo, o empregado não corria o risco de perder sua pensão caso seu empregador falisse. Fundos unitários (o equivalente britânico a fundos mútuos) também operavam com trusts pelo mesmo motivo. Dentro dos mercados de seguro, surgiram cargos que só admitiam membros com alto nível de especialização técnica, que colocavam seu dever profissional de zelar pela gestão de solvência e desempenho geral da empresa à frente de quaisquer obrigações que poderiam ter com seus empregadores.[147]

É importante notar que essas profissões nos setores de seguros e pensões se autorregulavam e não tinham proteção ou influência estatal na escolha de suas qualificações. Ademais, surgiram formas diferentes de propriedade corporativa. Fundos mútuos, por exemplo, eram comuns em ambas as áreas. Normalmente, eles são menos eficientes do que empresas particulares.[148] No entanto, administram melhor os conflitos de interesse entre proprietários e clientes.[149] Em ambos os setores, os fundos mútuos prosperaram no período de regulação estatal limitada. No caso do setor bancário, as *mutual building societies* desenvolveram seu próprio sistema de regulação de capital. Tal qual os fundos mútuos, havia bancos que garantiam 100% dos depósitos. Instituições que operavam de acordo com convenções diferentes ofereciam mais escolhas ao consumidor, e eliminavam a necessidade de regulação estatal.

Além disso, relatos de contemporâneos sugerem que a saúde dos profissionais de seguros era muito maior no Reino Unido do que nos Estados Unidos, onde a regulação estatal sobre essa atividade era muito mais presente.[150] Naquele cenário, a falência de seguradoras era um fato raro. Houve dois casos significativos entre 1870 e 1970, mas nenhum afetou negativamente os detentores de apólices.[151]

Vale notar os tipos de instituições e incentivos em operação: a responsabilidade exercida por proprietários, credores e clientes; o desenvolvimento de organizações regulatórias privadas, além de profissões específicas; e a criação de formas especiais de propriedade corporativa. Todos esses elementos garantiam o comportamento responsável nos mercados. Nem todos eles eram mecanismos regulatórios de mercado (embora as profissões fossem), mas levavam os participantes de mercado a regular e se responsabilizar por seu próprio comportamento. Como nenhum participante do mercado queria perder seus investimentos ou ser vítima de fraudes, não surpreende que o mercado gerasse seus próprios processos regulatórios.

INSTITUIÇÕES DE REGRAMENTO NOS MERCADOS FINANCEIROS

O que surpreende muitas pessoas hoje é a existência de instituições regulatórias formais criadas pelo próprio mercado para cumprir papéis que atualmente são considerados responsabilidade e função do Estado.

Mercados organizados surgem quando indivíduos e corporações são financeiramente responsáveis por suas próprias decisões. Sim, existem algumas situações em que há necessidade de instituições de regramento mais formais, como no caso de "externalidades" produzidas por formas particulares de comportamento de mercado. Por exemplo, se o comportamento de um indivíduo ou instituição reduz a confiança do mercado sobre outras instituições ou, se há benefícios em termos e condições de troca padronizados, necessitam-se instituições que estabeleçam regras gerais para todos os participantes do mercado que atendam as condições estipuladas.

Pode parecer surpreendente, mas existem diversas instituições não estatais dentro do mercado financeiro que governam o comportamento dos participantes. A ISDA (International Swaps and Derivatives Association), por exemplo, foi criada em 1985 para "garantir a segurança e a eficiência dos mercados globais de derivativos". Conforme diz a própria instituição: "O trabalho pioneiro da ISDA no desenvolvimento do ISDA Master Agreement e uma ampla gama de materiais de documentação subsequentes, bem como na garantia do cumprimento de suas provisões específicas e colaterais, ajudou a reduzir significativamente o risco legal e de crédito".[152] As bolsas de valores, mesmo com os altos níveis existentes de regulação estatal, ainda adotam regras e regulações que buscam criar um ambiente propício para a abertura de capital das empresas.

Contudo, talvez seja mais interessante examinar os exemplos históricos de quando organizações do setor privado eram os únicos reguladores dos mercados de títulos e derivativos, como no caso do Reino Unido até 1986. É óbvio que a ISDA faz um trabalho importante, mas é comum pensar que ela só é viável no contexto de estrita regulação governamental. Como mostra a história, isso não é verdade.

As primeiras bolsas de valores foram lançadas em Amsterdá e Londres, respectivamente, nos séculos XVII e XVIII,[153] e ofereciam um ambiente seguro para negociar títulos e ações. Negociar em nome de terceiros era possível, e os mercados se expandiram. Às vezes, esses mercados facilitavam o comércio e a execução de contratos não "garantidos" em tribunais nacionais. No Reino Unido, a Bolsa de Londres desenvolveu regras para o mercado de ações, tanto para os membros da bolsa como para companhias cujas ações eram negociadas. Em 1923, a reputação de decência era tal que o lema da bolsa era "minha palavra é minha garantia". No início, é claro, as regras eram informais, embora muito efetivas. Por exemplo, quando foi introduzida a corretagem, quem não liquidasse sua posição tinha seu nome inserido em um quadro sob o título de "fracassado". Com o tempo, tanto as regras como os mecanismos de execução foram formalizados.

No Reino Unido, ao contrário dos Estados Unidos, o comércio de ações era mais ou menos regulado pela própria bolsa – uma instituição privada – com quase nenhum envolvimento do Estado até 1986. Nesse ano, o governo proibiu efetivamente muitas das regulações desenvolvidas por esse órgão privado e, a partir de 1998, implantou um sistema altamente burocrático de regulação estatal.[154]

O primeiro livro codificado de regras cobrindo tópicos como calote e liquidação foi desenvolvido pela Bolsa de Londres em 1812. Esse livro incluía condições de acordo, arbitragem e negociação de insolvências. Havia nele também regras sobre o comportamento geral, cujo objetivo era aumentar a transparência. No início do século XX, foram definidas regras mais onerosas para listar e vender ações na bolsa. Até 1986, com exceção de algumas legislações primárias, a regulação do mercado de ativos era quase totalmente de responsabilidade de instituições privadas, como a bolsa. Algumas das regras impostas sobre os membros eram onerosas (e geraram controvérsia). Por exemplo, a partir de 1909, membros foram proibidos tanto de servir de *broker* (agenciar compra de ações em nome de clientes) como de assumir posições por conta própria (isto é, arriscando o capital de seus clientes). Isso reduziu a probabilidade de conflitos de interesse, mas também as chances de enriquecimento de seus membros.

Uma solicitação da Comissão Real em 1877-1878 ilustra a importância desses mecanismos no mercado financeiro de Londres. A Comissão Real notou que as regras da bolsa "tinham sido salutares aos interesses do público", e que ela agira "correta e honestamente, com o desejo de fazer justiça".[155] Além disso, comentou que as regras propostas "traziam tranquilidade e controle direto e satisfatório maior do que qualquer tribunal". Quer dizer, a bolsa resolvia problemas de forma superior a outros tribunais.

Não havia exigência legal para negociar por meio dos membros da bolsa, ou ter ações listadas na bolsa. A London Stock Exchange não tinha um monopólio. Contudo, sabia-se que a bolsa usava seus poderes de forma cartelista. Na posição de órgão regulador efetivo, ela decidia quem seria membro e como os membros deveriam operar.

Os mais importantes poderes autorregulatórios da bolsa foram removidos, na verdade, quando o governo decidiu que eles restringiam indevidamente a negociação; isso aconteceu em 1986. Ironicamente, a mudança ocorreu na mesma época em que a tecnologia teria inevitavelmente levado à concorrência internacional entre diferentes órgãos regulatórios não estatais, removendo assim o suposto problema de práticas restritivas que oneravam os outros participantes do mercado acionário. O regulador estatal agora detinha o poder absoluto de decidir quem operaria nos mercados financeiros e sob que condições; ou seja, detinha o monopólio das ações.

Hoje é impossível operar nos mercados de ações no Reino Unido sem permissão do regulador estatal (mesmo se o indivíduo detiver alto nível acadêmico ou qualificações profissionais). No entanto, apesar de todas essas restrições, existem áreas importantes onde a governança privada ainda prevalece. A London Stock Exchange não é mais a principal determinante de regras de negociação, decidindo sobre o comportamento das companhias listadas, mas fornece vários mecanismos como facilidades de compensação que colaboram para a liquidez e organização do mercado. Além disso, existem outros órgãos e mercados, tais como o ISDA e o AIM, que têm seus próprios sistemas de regras determinados pelo seu tipo de negócio. O AIM, por exemplo, é um mercado mais levemente regulado que tende a aceitar a negociação de companhias menores. De fato, variedade em regulação e adaptabilidade a circunstâncias distintas são duas vantagens de instituições regulatórias privadas.

Os Estados Unidos desenvolveram instituições similares, porém o Estado se envolveu muito antes que no Reino Unido. Em 1817, um grupo de pessoas criou a New York Stock and Exchange Board, que desenvolveu regras formais para negociar e pagar comissões, além de exigir garantias financeiras de seus membros. De fato, sua capacidade formal de regulação foi anterior à da própria Bolsa de Londres. A Bolsa de Nova York evoluiu com o tempo até as crises de 1929-1933. Em 1934, a Securities and Exchange Commission (SEC) foi fundada. Sob esse novo arranjo, por algum tempo, a Bolsa de

Nova York teve permissão de se autorregular sem grande interferência. Com o tempo, isso mudou – especialmente, em 1975. Hoje, a bolsa presta contas ao regulador estatal, a SEC.[156]

A regulação estatal é dificilmente necessária nos mercados de investimento, como a experiência britânica demonstrou. As empresas querem uma bolsa bem regulada porque a regulação garante não só a confiança do investidor como também mais liquidez, e um custo menor do capital. Os membros da bolsa exigem que as empresas negociadas sejam submetidas a certas formas de regulação, pois isso reduz os riscos de todos os envolvidos. A negociação fica mais atraente, e o custo de obtenção de capital cai. É uma relação simbiótica.

CONCLUSÃO

Ao longo da história, outras instituições financeiras e mercados de ativos e derivativos desenvolveram estruturas regulatórias próprias profundamente efetivas. E desde que a regulação dos mercados de ativos no Reino Unido foi assumida pelo Estado em 1986, não houve redução do número de escândalos. Bolsas formais são apenas um dos muitos tipos de instituições que emergiram para regular o comportamento dos complexos mercados financeiros. Vale a pena notar que a regulação não vem apenas de instituições formais. Enquanto os participantes do mercado financeiro arcarem com o custo de suas decisões, terão incentivos para regular seu próprio comportamento e desenvolver formas especiais de cooperação para solucionar conflitos de interesse, risco financeiro e outros problemas de forma mais efetiva.

O mesmo se aplica ao planejamento do uso da terra, onde o papel do Estado é tão onipresente que a maioria das pessoas raramente se dá conta de que não é necessário. Alguns dos projetos mais valorizados no Reino Unido surgiram de sistemas de planejamento voluntário não estatal.

Instituições regulatórias voluntárias não estatais podem fornecer os benefícios prometidos, porém raramente entregues, pelos órgãos reguladores estatais. De fato, testemunhamos o ressurgimento desses sistemas. Novos mercados não financeiros (como Uber e eBay) já apresentam uma ampla gama de mecanismos regulatórios não estatais particulares. Essa abertura também poderia ser expandida para outros mercados. Na medida em que surgem novas formas de financiamento (tais como financiamento coletivo, empréstimos P2P), o Estado poderia optar por dar um passo atrás e permitir que os mercados coordenassem tomadores e emprestadores, investidores e empresários, num ambiente onde os participantes e as instituições de mercado oferecessem a regulação. Essas inovações poderiam mesmo ser rotuladas de "NÃO REGULADAS PELO ESTADO". Ninguém seria excluído dos serviços financeiros, já que os produtos, canais e serviços em vigor continuariam existindo. Infelizmente, no Reino Unido, o regulador financeiro escolheu regular essas inovações como faz com as finanças tradicionais.

Regulação é uma qualidade desejável das bolsas de valores. A questão central é: regulado pelo que e por quem? Mercados regulados pelo estado de direito, em vez de por ditames e proibições detalhadas e momentâneas, existiram e existem hoje, logo, são possíveis. É hora de abandonar a suposição absurda de que apenas o Estado, com seus políticos e burocratas, pode ditar as regras, a regularidade e a supervisão, características tão valiosas para esses empreendimentos cooperativos. Dada a estrutura do estado de direito, pode ser muito mais inteligente permitir às pessoas exercitar seu próprio autocontrole, em vez de entregá-lo ao Estado.

8

O ESTADO DE BEM-ESTAR SOCIAL E A EROSÃO DA RESPONSABILIDADE

Por Nima Sanandaji

Os Estados de bem-estar social geram altos níveis de confiança, coesão social e normas de responsabilidade, ou exigem altos níveis de confiança, coesão social e normas de responsabilidade preexistentes para evitar conflito e disfunção sociais? Um estudo acerca dos Estados de bem-estar social dos países nórdicos mostra a função insubstituível das normas de responsabilidade para evitar disfunções. A responsabilidade precede o Estado de bem-estar social, e não o contrário. Além disso, a evidência coletada ao longo das décadas mostra que os Estados de bem-estar social prejudicam sistematicamente as normas de responsabilidade e, com isso, a confiança e a coesão sociais. Nima Sanandaji é fellow do Center for the Study of Market Reform of Education, sediado na Suíça. Ele é autor da obra Scandinavian Unexceptionalism: Culture, Markets, and the Failure of Third-Way Socialism (Londres: Institute of Economic Affairs, 2015) e outras obras. Nima Sanandaji obteve seu doutorado do Royal Institute of Technology, em Estocolmo.

O NEW DEAL, PRESIDIDO POR FRANKLIN D. ROOSEVELT, pode ser considerado o nascimento do Estado de bem-estar social nos Estados Unidos. Foi esse conjunto de leis e ordens que criou as instituições e os programas que formaram o núcleo do assistencialismo atual. No entanto, Roosevelt, o arquiteto do Estado de bem-estar social, estava preocupado com a viabilidade de longo prazo de seus programas, pois acreditava que os pagamentos de benefícios poderiam impactar as normas sociais.

No segundo ano de mandato, Roosevelt discursou no Congresso dos Estados Unidos e elogiou a expansão dos programas de assistência. Durante esse discurso, observou que muitas pessoas que tinham perdido o emprego durante a Grande Depressão continuavam desempregadas, e que "a dependência do governo federal crescia com muita rapidez". Sua maior preocupação não era, entretanto, a saúde das finanças públicas, mas o profundo problema espiritual e moral que a dependência de um Estado babá criara. Em tom profético, o presidente chegou à seguinte conclusão:

> Os norte-americanos são exemplo em questões humanas. As lições da história evidenciam conclusivamente que a dependência contínua de assistência induz a uma desintegração moral e espiritual que corrói a fibra da nação. Oferecer assistência dessa forma é como administrar um narcótico que destrói paulatinamente o espírito humano. Isso é contrário aos ditames da boa política, e viola as tradições dos Estados Unidos.[157]

No clima político atual, a visão de Roosevelt sobre os benefícios públicos poderia ser considerada muito radical. No entanto, a história confirmou seus alertas. Não apenas os defensores do Estado mínimo como – talvez até mais – os proponentes de grandes Estados assistencialistas deveriam considerar com atenção a forma como políticas mudam as normas e o comportamento das pessoas ao longo do tempo.

A PREOCUPAÇÃO DE ROOSEVELT

Na época, a visão de Roosevelt era mais comum do que hoje se pode imaginar. No início do século XX, mesmo os proponentes do Estado de bem-estar social se preocupavam que o crescimento desses programas pudesse romper o tecido social. Para entender o porquê, deve-se ter em mente que, para o bom funcionamento do Estado de bem-estar social, não basta que a maioria dos indivíduos siga as normas de pagar tributos ou de não sobreutilizar os serviços sociais. Em vez disso, ele só será viável no longo prazo caso essa maioria obedeça a ambas as normas e acredite que os outros estão fazendo o mesmo. Em outras palavras, devem obedecer o contrato social.

Contudo, à medida que os esquemas de transferência se tornam mais generosos e os tributos aumentam, torna-se cada vez mais lucrativo trocar o trabalho e o pagamento de tributos pelo ócio (ou trabalhar menos) e receber benefícios. Se todos os cidadãos seguissem as normas de trabalhar e pagar tributos, confiando no assistencialismo apenas em caso de necessidade, seria possível sustentar até um grande sistema de transferências. No entanto, se alguns deles começam a burlar as normas, é provável que outros sigam seu exemplo. Se um volume considerável de cidadãos muda seu comportamento, seja sonegando impostos ou sobreutilizando benefícios, a erosão das normas de bem-estar social pode acelerar, destruindo o contrato social.[158]

Isso não é mera especulação baseada em um raciocínio abstrato de teoria dos jogos. Os pesquisadores Erns Fehr e Urs Fischbacher concluíram que normas legais e mecanismos legais de execução normalmente são ineficientes sem o amparo das normas sociais. Nesse sentido, as normas sociais podem ser vistas como regras de "cooperação condicional". De forma crítica, "a deserção dos outros é uma desculpa legítima para a minha deserção".[159] Por exemplo, se uma pessoa percebe que seu vizinho segue as normas, ela tende a segui-las. Se ele começa a abandoná-las, é possível que ela mude seu comportamento. A erosão da base de cooperação condicional de um Estado de bem-estar social sustentável pode gerar graves efeitos na sociedade. Disso pode resultar, então, a deterioração da ética de trabalho e o aumento da dependência pública e dos conflitos sociais.

E pior, para restaurar um sistema de normas sustentável não basta apenas implementar regras mais estritas de execução: medidas administrativas que controlem o uso de programas públicos podem sinalizar aos cidadãos cumpridores da lei que as violações se tornaram uma prática comum. Friedrich Heinemann tem estudado como sistemas de bem-estar social generosos podem – ao longo do tempo – enfraquecer as próprias normas que possibilitam sua existência. Ele explica que impor sanções sobre o uso ou recebimento impróprio de benefícios pode "ser percebida como uma imposição de limites à autodeterminação dos cidadãos, esvaziando ainda mais a motivação intrínseca a respeitar a lei".[160]

Se uma sociedade chega a um ponto em que o uso de programas de assistência se torna uma prática comum, pode ser difícil impedir a deterioração das normas. A imposição de regulações ou medidas administrativas restritivas pode ser inadequada para estancar a erosão das normas, podendo até mesmo acelerar o processo. À luz desse fato, é possível entender por que o presidente Roosevelt considerava o assistencialismo "um narcótico, um destruidor sutil do espírito humano".

CONSEQUÊNCIAS NÃO INTENCIONAIS

Com o tempo, os proponentes do Estado de bem-estar social se esqueceram do alerta de Roosevelt. Eles passaram a confiar que generosos serviços e subsídios governamentais poderiam ser introduzidos e financiados por altos impostos sem enfraquecer as normas sociais que possibilitavam essas transferências. Todavia, o desenvolvimento social mostrou que existiam bons motivos para pensar nos efeitos de longo prazo da política assistencialista. As mesmas políticas de bem-estar social que pretendiam, e de certa forma conseguiram, mitigar a pobreza material acabaram criando, de modo não intencional, uma "pobreza social" persistente. A preocupação com a dependência assistencialista que surgia em comunidades marginalizadas levou à mudança no pensamento político.[161] Em 1986, o presidente Ronald Reagan articulou essa preocupação sobre a reforma do Estado de bem-estar social em seu discurso radiofônico à nação:

> A partir da década de 1950, a pobreza nos Estados Unidos passou a cair. A sociedade norte-americana, uma sociedade de oportunidades, estava fazendo sua mágica. O crescimento econômico oferecia um caminho para milhões saírem da pobreza e se tornarem prósperos. Em 1964, foi declarada a famosa "guerra contra a pobreza", e um fato curioso ocorreu. A pobreza, medida em termos de dependência, parou de cair e, de fato, voltou a crescer. Pode-se dizer que a pobreza venceu a guerra. E venceu em parte porque, em vez de ajudar os pobres, os programas governamentais romperam os laços que uniam as famílias pobres.[162]

O presidente Reagan ofereceu um exemplo clássico de como o capital social das famílias pode ser erodido por programas de assistência que, em teoria, deveriam ajudá-las:

> Talvez o efeito mais insidioso do assistencialismo seja usurpar o papel do provedor. Nos Estados que mais transferem renda, por exemplo, o valor do subsídio governamental para mães solteiras supera em muito a renda líquida de um emprego de salário mínimo. Em outras palavras, ele banca o seu desemprego. Muitas famílias são elegíveis para benefícios substancialmente maiores quando o pai não está presente. Qual é o impacto para um homem saber que seus próprios filhos serão beneficiados caso ele não reconheça legalmente sua paternidade? Segundo as normas atuais de assistência, uma adolescente que engravida se torna elegível para benefícios públicos que pagarão o aluguel, os cuidados médicos e a alimentação de sua família. Ela só deve cumprir uma condição: não se casar ou identificar o pai.[163]

A crítica de Ronald Reagan ecoou pelo público. Os norte--americanos apoiaram políticas que limitavam o escopo dos programas assistencialistas, com a intenção de reduzir as consequências não intencionais da dependência do Estado. Não só republicanos apoiaram essas medidas, mas também alguns democratas. Em 2006, o presidente Bill Clinton assinou a Personal Responsibility and Work Opportunity Reconciliation Act [lei da responsabilidade pessoal e oportunidade de trabalho]. Ele prometia "tornar o assistencialismo uma segunda chance, e não uma opção de vida". Em um artigo de opinião publicado dez anos depois no *New York Times*, Bill Clinton argumentou que a legislação bipartidária, de fato, obtivera sucesso:

> Os últimos 10 anos provam que revolucionamos o assistencialismo, permitindo que milhões de norte-americanos pudessem recomeçar. Na década passada, as solicitações de benefícios caíram substancialmente, de 12,2 milhões em 1996 para os atuais 4,5 milhões [2016]. Ao mesmo tempo, a reincidência também caiu 54%. Sessenta por cento das mães que saíram da assistência encontraram emprego, superando em muito as expectativas dos especialistas.[164]

Os Estados Unidos não são o único país onde a erosão das normas sociais motivou as pessoas a reavaliar os programas de assistência. O mesmo ocorreu em diversas partes do mundo. Ainda assim, persiste a convicção dentre os proponentes modernos do Estado de bem-estar social que é possível, de alguma forma, criar sistemas estáveis que combinem altos benefícios e tributação elevada. Normalmente, eles apontam como evidência os países nórdicos – Suécia, Noruega, Dinamarca e Finlândia. Os Estados assistencialistas dessa parte do mundo parecem, pelo menos à primeira vista, ter tido sucesso em oferecer amplos serviços e benefícios financeiros sem erodir a responsabilidade pessoal. Se o assistencialismo funciona por lá, por que não funcionaria no resto do mundo?

Essa questão muito me interessa. Já escrevi 20 livros e mais de 100 relatórios sobre políticas públicas, lidando principalmente com diversas questões sociais da Suécia e outros países nórdicos. Cresci em uma família de imigrantes na Suécia, sustentada por programas assistencialistas. Logo, vivenciei em primeira mão os benefícios de curto prazo dessa assistência para famílias menos favorecidas. Também pude ver os prejuízos de longo prazo de um sistema que acorrenta famílias e comunidades inteiras na dependência.

O NORTE LUTERANO

Os proponentes do Estado de bem-estar social consideram as quatro nações nórdicas – Suécia, Dinamarca, Finlândia e Noruega – como modelos cujas políticas deveriam inspirar outras ao redor do mundo. Por exemplo, Paul Krugman, vencedor do Prêmio Nobel de Economia e colunista do *New York Times*, escreve: "Toda vez que leio alguém falando do 'colapso dos Estados de bem-estar social na Europa', tenho vontade de levá-lo para passear em Estocolmo".[165] Muitos entendem que os países nórdicos conseguiram criar Estados de bem-estar social em larga escala, com programas públicos generosos e amplos, evitando os prejuízos morais associados às políticas assistencialistas.[166]

A realidade é que não só a política, mas principalmente a cultura, diferenciam essa parte do mundo. Os países nórdicos – e, em certa medida, outros países europeus similares como Alemanha e Holanda – caracterizam-se por normas sociais que enfatizam a responsabilidade social, e não o ato de "pegar carona" nos esforços alheios. Religião, clima e história parecem ter influenciado a formação de culturas tão únicas.

No século passado, o sociólogo Max Weber observou que os países protestantes do norte da Europa costumavam ter um padrão de vida mais elevado, instituições acadêmicas de melhor qualidade e coesão social mais forte do que países católicos ou ortodoxos. Weber acreditava que o motivo dessa superioridade poderia ser encontrado na "ética protestante do trabalho".[167] Assar Lindbeck, economista sueco e pesquisador de Estados de bem-estar social, ampliou posteriormente essa teoria, avaliando fatores além da religião. Ele explica que, historicamente, tem sido dificílimo viver da agricultura sem trabalhar muito duro, tendo em vista o ambiente hostil do norte. Por necessidade, então, a cultura dessa população enfatizou a responsabilidade individual e o trabalho duro.[168]

Os países nórdicos não são peculiares apenas por serem frios, mas também porque, em grande parte de sua história recente, foram dominados por agricultores independentes. Trabalho duro sempre foi uma necessidade no gélido norte, e as recompensas dele foram acumuladas pelos indivíduos e suas famílias devido à abrangente propriedade privada da terra. Além disso, as homogêneas sociedades nórdicas se caracterizam por culturas com forte coesão social e os maiores índices de confiança no mundo.[169] Um estudo de 60 países conduzido por Jan Delhey e Kenneth Newton mostra que os países nórdicos[170] combinam todas as características tradicionalmente associadas com elevados níveis de confiança. Os autores escrevem: "Países com alta confiança se caracterizam por homogeneidade étnica, tradições religiosas protestantes, bom governo, riqueza (elevado PIB *per capita*) e igualdade de renda". Delhey e Newton prosseguem explicando: "Essa combinação é mais marcante nos países nórdicos, mas o mesmo padrão geral é encontrado nos 55 países restantes, embora de forma mais branda".[171]

ESTADOS DE BEM-ESTAR SOCIAL DEPENDEM DE NORMAS

Níveis elevados de confiança, forte ética de trabalho e coesão social são pontos de partida perfeitos para uma economia de sucesso. Também são pilares de políticas democráticas sustentáveis de bem-estar social; um nível alto de coesão social preexistente permite a implementação de programas de assistência e tributação elevada sem gerar o mesmo impacto negativo que poderiam ter sobre os hábitos de trabalho em um ambiente diferente. Assim, os países nórdicos e outras partes da Europa setentrional tiveram condições ótimas para introduzir políticas assistencialistas.[172]

O nível mensurado de relutância em solicitar benefícios governamentais sem direito legal é chamado de "responsabilidade moral". Ele é medido através do World Value Survey, um estudo global sobre comportamento em que os entrevistados devem responder, entre outras coisas, se acreditam que, às vezes, é justificável usufruir benefícios governamentais aos quais você não é elegível. Ao examinar 31 diferentes economias desenvolvidas entre 1981 e 2010, Daniel Arnold demonstrou que uma alta responsabilidade moral reduz a incidência de faltas injustificadas e a solicitação de auxílio-doença.[173]

Tão logo entendemos o efeito da responsabilidade moral sobre os Estados de Bem-Estar, aprofundamos nosso conhecimento acerca das políticas que propõem. Uma ideia comum é a de que os políticos norte-americanos optaram por introduzir programas de assistência menos generosos, talvez por se preocuparem pouco com as necessidades dos pobres, enquanto os políticos nórdicos escolheram um caminho mais generoso. No entanto, a questão supera diferenças ideológicas. Precisamos lidar com o fato de que as políticas dos Estados de bem-estar social são mais adequadas às sociedades nórdicas do que à norte-americana. A evolução histórica das políticas atuais apoia esse conceito. Sim, os países nórdicos foram pioneiros nesse tipo de projeto. Porém, os social-democratas nórdicos foram pragmáticos, cuidando para não desestabilizar os sistemas de governo limitado que existiam no momento e funcionavam bem. Portanto, o tamanho do governo permaneceu sob controle por muito tempo.

Em 1955, a carga tributária da Suécia já se equiparava à dos Estados Unidos (24% do PIB em ambos os países), enquanto a da Dinamarca era de 23%.[174] Quando a Grande Depressão assolou o mundo, políticos como Franklin D. Roosevelt responderam com grandes programas públicos, vendo a solução na intervenção estatal. Surpreendentemente, os países nórdicos reagiram de forma diferente. No início, essas nações que dependiam muito do comércio foram brutalmente afetadas pela Grande Depressão. Contudo, recuperaram-se rapidamente ao confiar em uma abordagem de livre mercado. Durante os anos de crise, nasceu a Nohad Flight (hoje Volvo Aero). Pouco depois da crise, foram fundadas a Securitas e a SAAB. Um novo método para produzir polpa de papel foi inventado, levando à criação da Sunds Defribrator (hoje, Metso Paper, grande fabricante de equipamentos para a indústria do papel).[175]

Reza a lenda que, no início, os Estados Unidos seguiram uma abordagem de livre mercado, ao passo que seus pares nórdicos prontamente implantaram grandes regimes de assistência social. Na verdade, o sistema assistencialista norte-americano se desenvolveu paralelamente ao dos países nórdicos. Porém, com uma grande diferença: o sistema de bem-estar social norte-americano foi de início criticado, precisamente por suas evidentes consequências não intencionais de deterioração das normas sociais e da estrutura familiar. No homogêneo mundo nórdico, essa crítica inicial não se concretizou – pelo menos, nem próximo do mesmo nível.

Nos países nórdicos, as normas particularmente fortes associadas à responsabilidade individual e ao trabalho tornaram suas sociedades particularmente resilientes ao dano moral de setores públicos grandes. A afinidade cultural nórdica por políticas coletivistas era certamente diferente da que existia no caldeirão norte-americano. O mesmo raciocínio pode explicar por que os países do norte da Europa tiveram tanto sucesso na introdução de Estados de bem-estar social em comparação a seus vizinhos do sul, que não se destacam tanto quando o assunto é confiança e ética aplicada à responsabilidade pessoal.

QUEM VEIO PRIMEIRO: O OVO OU A GALINHA?

Muito antes de estudiosos demostrarem a ligação, Franklin D. Roosevelt e Ronald Reagan tiveram visão suficiente para entender que a viabilidade dos regimes assistencialistas e as normas caminhavam juntas. A questão importante é saber para que direção aponta a relação causal. O que vem primeiro, o ovo ou a galinha? Em teoria, seria possível argumentar que um generoso Estado de bem-estar social pode até mesmo *fortalecer* regras como confiança e responsabilidade moral. Se o público em geral deseja políticas assistencialistas, e sabe que esses programas dependem de normas como confiança geral, as pessoas poderiam querer agir para reforçá-las. Da mesma forma, o Estado poderia lançar vários programas focados na promoção do respeito ao sistema. Como é comum no dilema ovo-galinha, não é fácil distinguir que fator causa o outro. O pesquisador sueco Andreas Bergh e seu colega dinamarquês Christian Bjørnskov aplicam métodos sofisticados de pesquisa para examinar a questão, avaliando os níveis de confiança.

Segundo Bergh e Bjørnskov, uma longa tradição na psicologia indica que um nível básico de confiança em estranhos está presente nos indivíduos desde a infância. Esse senso fundamental permanece relativamente estável ao longo da vida, se não for perturbado por grandes traumas. De fato, altos níveis de confiança parecem abranger gerações, passando de pai para filho. É importante observar que os níveis de confiança dos cidadãos norte-americanos se assemelham aos registrados nos países dos quais vieram seus ancestrais. E parece que nenhum grupo nos Estados Unidos tem níveis tão elevados quanto os de origem nórdica.[176] Norte-americanos de ascendência nórdica têm níveis até um pouco maiores do que seus parentes vivendo atualmente nesses países.[177] Isso sugere que a origem da cultura nórdica de confiança antecede os Estados modernos de bem-estar social. Afinal, a migração em grande escala de populações nórdicas para os Estados Unidos ocorreu durante o final do século XIX e início do século XX, muito antes da mudança em direção a governos inchados naqueles países.

Bergh e Bjørnskov usam diversas técnicas estatísticas diferentes para examinar os níveis históricos de confiança, e chegaram à conclusão de que eles não são causados pelo próprio Estado de bem-estar social, já que são um fenômeno relativamente recente, e precedem a criação desses Estados. Sua conclusão é: "A confiança é alta em Estados de bem-estar social universais não porque tal universalidade gere confiança, mas porque populações 'confiantes' têm mais chances de criar e apoiar Estados de bem-estar social grandes e universais".[178]

Podemos, então, separar o ovo da galinha. Os elevados níveis de confiança entre as populações nórdicas já existiam antes do surgimento dos Estados modernos de bem-estar social. Além disso, as mesmas normas sólidas que levaram ao aumento do padrão de vida e à redução da pobreza nos países nórdicos têm sucesso – até maior – nos Estados Unidos. Outros indicadores de ética de trabalho não são mensurados da mesma forma que a confiança. Todavia, poucos contestariam a afirmação de que os norte-americanos de origem nórdica também adotam normas firmes acerca do trabalho e da responsabilidade individual. Como consequência, os descendentes de origem nórdica nos Estados Unidos têm metade do índice médio de pobreza nacional, um padrão que se mantém constante por décadas. Eles também apresentam índices de pobreza inferiores aos de seus parentes do norte da Europa. Parece que as normas nórdicas aliadas ao capitalismo norte-americano levam a uma pobreza inferior do que as normas nórdicas fundidas ao socialismo democrático de estilo nórdico.[179] Por fim, o censo dos Estados Unidos mostra que indivíduos que se identificam como de origem nórdica têm uma renda familiar média superior à média americana, e também consideravelmente superior à dos próprios países nórdicos.[180]

Espera-se que essa simples comparação seja suficiente para mostrar a falácia de tentar replicar o Estado de bem-estar social nórdico nos Estados Unidos, bem como o equívoco de pensar que essas políticas sozinhas podem gerar o mesmo nível baixo de pobreza registrado nos países nórdicos. Se os nórdico-americanos já atingiram o mesmo sucesso social (na verdade, maior) que os nórdicos, talvez o aspecto cultural também devesse ser considerado. Da mesma forma, como Philipp Doerrenberg e seus coautores mostram, quando se trata de tributos, o bonzinho sempre é a maior vítima. Os autores concluíram que os governos exploram grupos com níveis relativamente altos de responsabilidade tributária.[181] Não é coincidência que os tributos sejam mais elevados em países com alta responsabilidade tributária. Resumindo, copiar a política tributária nórdica ou sua política assistencialista não gerará os mesmos resultados de lá sem o apoio cultural necessário.

A TEORIA DO ESTADO DE BEM-ESTAR SOCIAL AUTODESTRUTIVO

Até aqui, estabelecemos que o Estado de bem-estar social depende criticamente de normas preexistentes, e que muitos desses Estados têm sido implementados em países que, ao longo da história, desenvolveram normas firmes. Mas como a política assistencialista afeta as normas? E o que dizer do alerta de Roosevelt de que a dependência do assistencialismo é "um destruidor sutil do espírito humano"?

O já mencionado Friedrich Heinemann avaliou se o alerta de Roosevelt a respeito do "efeito de desintegração moral da dependência do assistencialismo" é apoiado em evidências. O estudo é baseado no mesmo World Value Survey utilizado por Daniel Arnold em sua pesquisa. Por sua vez, Heinemann examina se a política assistencialista afeta a responsabilidade moral no longo prazo. Ele chegou à conclusão de que existe um mecanismo autodestrutivo nos Estados de bem-estar social: benefícios generosos ao longo do tempo enfraquecem a relutância em sobreutilizar o subsídio público e, por conseguinte, as mesmas normas que viabilizam o Estado de bem-estar. Taxas elevadas de desemprego, que podem resultar de políticas que enfraquecem o bom funcionamento do mercado laboral, podem ter o mesmo efeito. Heinemann explica: "No longo prazo, um aumento concomitante nos benefícios governamentais e no desemprego têm relação com a deterioração da ética estatal do bem-estar".[182]

O World Value Survey comprova a erosão das normas nos países nórdicos. Na pesquisa de 1981–1984, por exemplo, 82% dos suecos e 80% dos noruegueses concordaram com a declaração "solicitar benefícios governamentais aos quais não tenho direito nunca é justificável". Até a década de 1980, os cidadãos dos dois países ainda tinham uma forte postura ética em relação aos benefícios governamentais. Porém, à medida que os povos ajustaram suas culturas a novas políticas econômicas, a responsabilidade moral caiu rapidamente. Na pesquisa de 2005–2008, apenas 56% dos noruegueses e 61% dos suecos acreditavam que nunca era certo buscar benefícios aos quais não tinham direito. O relatório de 2010–2014 inclui apenas a Suécia de todos os países nórdicos. Ele mostra que a responsabilidade moral continua a cair por lá: apenas 55% dos suecos responderam que nunca era correto sobreutilizar os benefícios.[183]

NORMAS MUDAM LENTAMENTE, AO LONGO DE GERAÇÕES

Os arquitetos do Estado de bem-estar social acreditavam que os riscos de dano moral criados por grandes transferências de renda e tributos elevados poderiam ser evitados, pelo menos nas utopias social-democratas que eles pensavam ser os países nórdicos. Por que o alerta de Roosevelt não foi levado mais a sério? A resposta simples é que as normas mudam lentamente, ao longo de muitas gerações. Quando o governo eleva tributos ou torna mais vantajoso viver da assistência, a maioria das pessoas continua a agir como anteriormente. Portanto, pelo menos no início, parecia que as políticas não tinham influência sobre o comportamento dos cidadãos. Todavia, as normas não são imutáveis. Ao longo do tempo, mesmo as populações nórdicas adaptaram suas normas aos incentivos criados pelos Estados de bem-estar social contemporâneos.

Jean-Baptiste Michau estudou a ligação entre os benefícios governamentais e a transmissão cultural da ética de trabalho. Ele nota que pais fazem escolhas racionais sobre "quanto esforço dedicar à criação de filhos com uma ética de trabalho duro", com base em suas "expectativas quanto à política laboral que será implementada pela próxima geração". Portanto, deveria existir um atraso significativo entre a introdução de certas políticas, ou pelo menos um debate público sobre políticas futuras, e mudanças nas visões éticas. Construindo um modelo com um atraso entre esses dois fatores, Michau argumenta que benefícios generosos de seguro-desemprego podem explicar uma parte substancial do histórico de desemprego na Europa após a Segunda Guerra Mundial.[184]

Em outro estudo, Martin Halla, Mario Lackner e Friedrich G. Schneider conduziram uma análise empírica sobre a dinâmica do Estado de bem-estar. Os autores levantaram a hipótese de que os indivíduos não respondem prontamente a mudanças de incentivos. A razão é que os indivíduos são, por algum tempo, limitados pelas normas sociais. "Portanto, os efeitos de desincentivo podem se materializar apenas com atrasos de tempo consideráveis." Curiosamente, os autores concluem que um alto nível de gastos público-sociais pode até mesmo ter um impacto positivo sutil sobre a responsabilidade moral. Isso se encaixaria na teoria de que, de início, os indivíduos ajustam suas normas para seguir o objetivo dos programas de benefício público. Contudo, no médio e longo prazos, altos níveis de gastos levam a uma redução da responsabilidade moral. Isso está alinhado com a teoria de que os indivíduos, ao longo do tempo, ajustam seu comportamento aos incentivos econômicos. Halla, Lackner e Schneider alertam: "Nossos resultados sugerem que o Estado de bem-estar corre sério risco de destruir sua própria fundação econômica e apoiam a hipótese de autodestruição do Estado de bem-estar."[185]

ATÉ AS NORMAS DO ASSISTENCIALISMO NÓRDICO SEGUEM A PREVISÃO DE ROOSEVELT

Grande parte dessas normas particularmente fortes se mantém até hoje nos países nórdicos. Ainda assim, fica evidente que essas normas se deterioraram na medida em que as populações ajustaram seu comportamento para refletir uma tributação elevada e um Estado de bem-estar social generoso. Até certo ponto, a teoria da dinâmica autodestrutiva dos Estados de bem-estar social foi desenvolvida pelo já citado Assar Lindbeck, um dos principais economistas suecos da atualidade. Ele afirma que existe uma ligação entre mudanças na ética de trabalho e a dependência crescente de instituições de bem-estar social.[186] E não só isso: ele acredita que a evidência explícita de fraude em benefícios na Suécia – onde, por exemplo, alguns indivíduos recebem seguro-desemprego ou auxílio-doença enquanto trabalham na economia informal – leva ao enfraquecimento das normas contra a sobreutilização de vários sistemas de assistência social. Logo, para manter o sistema assistencialista, é preciso fazer reformas que limitem as fraudes.[187]

Diversos estudos de comportamento na Suécia mostram que uma fração significativa da população considera hoje aceitável viver do auxílio-doença sem estar doente. Por exemplo, uma pesquisa de 2001 mostrou que 41% dos trabalhadores suecos acreditavam que era aceitável que pessoas saudáveis que se sentiam estressadas no trabalho solicitassem auxílio-doença. Além disso, 44% e 48%, respectivamente, responderam que era aceitável solicitar auxílio-doença mesmo se as pessoas não estivessem doentes, porém se sentissem insatisfeitas com seu ambiente de trabalho ou tivessem problemas familiares.[188]

Outros estudos apontaram aumentos de faltas por motivo de doença devido a eventos esportivos. Por exemplo, a falta por motivo de doença aumentou cerca de 7% entre os homens na época dos Jogos Olímpicos de Inverno em 1988, e em 16% em virtude das transmissões de tevê do World Cross Country Championships em 1987.[189] Durante a Copa do Mundo de 2002, o aumento da falta por motivo de doença entre os homens foi de 41%. A diferença substancial entre os eventos durante o final dos anos 1980 e início dos anos 2000 indica a deterioração da ética de trabalho ao longo do tempo – embora esses três percentuais sejam notadamente elevados.[190]

Em anos recentes, governos suecos tanto de esquerda como de direita reduziram a generosidade do Estado assistencialista. Ademais, introduziram funções de triagem, em especial no sistema de falta por motivo de doença, a fim de limitar a sobreutilização. Um artigo recente sugere, entretanto, que as reformas teriam de ser muito mais profundas para reverter os efeitos de longo prazo do Estado de bem-estar. O economista Martin Ljunge indica que os políticos que desejam aumentar a generosidade do Estado assistencialista precisam levar em conta os custos de longo prazo dessas políticas. O resumo informa:

> As gerações mais jovens utilizam o auxílio-doença com mais frequência do que as gerações antigas. Entre as gerações mais jovens, 20 pontos percentuais a mais solicitam um dia de folga por motivo de doença em comparação a pessoas nascidas 20 anos antes, após outras circunstâncias terem sido ajustadas. A demanda mais elevada por auxílio--doença entre esses jovens pode indicar o efeito rápido do Estado de bem-estar sobre a postura diante do uso de benefícios públicos. Os resultados geram implicações para a política econômica. A demanda por seguro social aumenta, mesmo as regras não sendo mais generosas. Avaliar políticas com base em mudanças comportamentais antes e depois de uma reforma pode subestimar totalmente a relevância de mudanças de longo prazo sobre a integridade financeira do Estado de bem-estar.[191]

De forma similar, o pesquisador Casper Hunnerup Dahl chegou à seguinte conclusão: "O alto nível de distribuição no Estado de bem-estar social dinamarquês não reduz apenas os incentivos concretos que alguns dinamarqueses têm para obter um emprego ou fazer hora extra em seu emprego atual. Além disso, as evidências sugerem que ele também tem um efeito caro e de longo prazo sobre a ética de trabalho dos dinamarqueses".[192] Não há dúvida de que a erosão das normas pela adaptação contínua à política assistencialista é um fenômeno observável, e não só uma teoria.

POLÍTICAS NÓRDICAS BUSCAM REVERTER A EROSÃO DAS NORMAS

Para o resto do mundo, os países nórdicos ainda parecem ser exemplos brilhantes de que é possível ter grandes setores públicos sem o dano moral dos Estados de bem-estar social notoriamente previstos por Roosevelt. Grandes estudiosos das políticas nórdicas observam, no entanto, que o foco atual tem sido a questão dos problemas de deterioração das normas e da sobreutilização dos serviços. Como citado anteriormente, a redução na generosidade do Estado assistencialista – bem como cortes significativos nos tributos – já foi implementada na Suécia. A meta recente tem sido combater a sobreutilização do auxílio-doença. A tendência de crescimento rápido e substancial da solicitação de auxílio-doença (embora a população sueca seja uma das mais saudáveis do mundo) sugere que muito mais precisa ser feito.

A Suécia não detém mais o título de nação com a maior alíquota de impostos do planeta. Hoje, ele pertence à Dinamarca. Embora a Dinamarca ainda tenha de introduzir reformas tão abrangentes como as da Suécia, é forte a noção de que algumas coisas precisam mudar. De certo modo, surpreende que lá o debate sobre a forma como as políticas de bem-estar criam sobreutilização e aprisionamento nos sistemas de benefícios não se limite aos conservadores ou libertários. Os social-democratas se uniram a eles. Bjarne Corydon, na época ministro social-democrata das finanças do país, ocupou as manchetes internacionais em 2013 ao discutir a necessidade de reduzir a generosidade dos sistemas assistencialistas do país. Corydon explicou que não era coincidência que o governo estivesse reformando o sistema tributário, o assistencialista e o previdenciário: "A verdade é que queremos implementar uma ampla agenda positiva que fortaleça e modernize o Estado de bem-estar social, cujo resultado seja uma sociedade muito melhor do que a atual". Ele chegou até a propor uma nova visão para o futuro do Estado assistencialista: "Vislumbro o Estado competidor como o Estado de bem-estar social moderno. Se quisermos sustentar o Estado de bem-estar social, devemos focar na qualidade dos serviços públicos, e não nas transferências de renda".[193]

EM DIREÇÃO A UM NOVO CONTRATO ASSISTENCIALISTA?

Muitos americanos ainda acreditam que o dano moral foi evitado nos países nórdicos. A eles, aconselho a leitura (com a ajuda do Google Tradutor, talvez) de um relatório publicado pelo governo social-democrata da Dinamarca em 2013. O relatório chegou à conclusão de que, na época, 400 mil cidadãos dinamarqueses tinham poucos incentivos econômicos para participar do mercado de trabalho. Esses indivíduos perdiam 80% ou mais de sua renda ao entrar no mercado de trabalho, dado que perdiam benefícios e tinham de pagar impostos. Através das reformas tributárias e assistencialistas, o governo social-democrata anterior esperava reduzir esse grupo para 250 mil indivíduos, um número ainda significativo, já que a população economicamente ativa é inferior a 3 milhões.[194]

Em junho de 2015, o governo dinamarquês de centro-esquerda perdeu a eleição para uma nova coalizão de centro-direita, que dava ainda mais ênfase à reforma do Estado de bem-estar social. Curiosamente, os próprios social-democratas aumentaram sua base na eleição, retomando a posição de maior partido do país. O equilíbrio de poder mudou, pois os parceiros de coalizão dos social-democratas, que tinham criticado a visão do Estado competidor, foram punidos nas urnas. Assim, parece que o eleitorado dinamarquês apoia a visão de um sistema com mais autocontrole e menos assistencialismo. Essa mudança de atitude política ocorreu enquanto crescia a dependência assistencialista, em particular, entre as populações de origem estrangeira.

Outros Estados assistencialistas do norte da Europa seguiram um caminho similar ao da Dinamarca e da Suécia. Por muito tempo, a Holanda teve um dos sistemas assistencialistas mais generosos do mundo. No início da década de 1980, era o país que mais gastava em termos de assistência, em pé de igualdade (na época) com o notoriamente generoso sistema sueco. Com o tempo, porém, a Holanda encolheu o sistema assistencialista, retraiu o escopo do gasto público, privatizou a Previdência Social e introduziu mecanismos elaborados de mercado para fornecer cuidados médicos e proteção social.[195] Embora não fazendo parte geograficamente do grupo dos países nórdicos, a Holanda tem características culturais, econômicas e políticas muito similares às de seus vizinhos do norte. Uma diferença é que a Holanda foi pioneira na transição de um sistema assistencialista generoso para um modelo mais limitado. Não obstante, manteve-se a ambição de oferecer redes de assistência social, saúde e educação para seus cidadãos mais pobres. Através da redução escalonada da generosidade do sistema, criando mercados de seguro que combinam cobertura universal com concorrência e responsabilidade individual, a Holanda fundou um novo contrato social, muito mais estável no longo prazo, já que encoraja a responsabilidade individual mais do que o sistema anterior.

Alemanha e Finlândia nunca introduziram regimes assistencialistas tão ambiciosos como os da Dinamarca e da Suécia, mas também seguiram uma direção similar quando os efeitos de longo prazo das normas sobre o comportamento público ficaram aparentes. Mesmo o Reino Unido, com seu modelo mais moderado de assistencialismo, já debate diretamente a necessidade do fortalecimento das normas. No início de 2014, por exemplo, foi lançado o documentário *Benefit Street*, com cinco episódios. O programa registrou a vida dos moradores da rua James Turner, em Birmingham, onde cerca de 90% deles viviam com subsídios públicos. *Benefit Street* gerou um grande debate sobre o sistema assistencialista, os pedidos de auxílio e a falta de motivação de buscar emprego no Reino Unido. Os resultados políticos recentes indicam que se fortalece no público em geral o sentimento favorável à reforma do Estado de bem-estar social.[196]

O COLAPSO DAS NORMAS EM UM ESTADO DE BEM-ESTAR RICO EM PETRÓLEO

Há uma exceção ao novo contrato social sendo formulado nos Estados assistencialistas do norte da Europa: a Noruega. Graças a sua grande riqueza petrolífera no Atlântico, esse país montanhoso preservou o ideal social-democrata de programas públicos muito generosos. Contudo, como Roosevelt elegantemente argumentou, a dependência do Estado de bem-estar social não é uma questão apenas econômica, mas também humana. É certo que as receitas do petróleo possibilitaram à Noruega pagar benefícios públicos vultosos, mas será que a nação pode arcar com o custo humano associado a essas políticas? Uma consequência das políticas assistencialistas generosas na Noruega é a deterioração da ética de trabalho. A série de tevê *Lilyhammer*, que conta com o ator Steven Van Zandt, de *Família Soprano*, no papel de um expatriado norte-americano vivendo na Noruega, critica regularmente a falta de ética laboral do país.

Esse fenômeno também é visível fora da cultura popular. Em 2014, o *Financial Times* noticiou: "As agências de estatística da Noruega dizem que muitas pessoas passaram a chamar a *friday* [sexta-feira] de *fridag* [dia de descanso]. A companhia estatal de ferrovias destaca que o movimento dos trens urbanos que atendem a capital é mais baixo nas sextas, e a principal concessionária de pedágios mostra que o tráfego é muito mais tranquilo nas sextas e segundas".[197] E não foram só os adultos que pararam de focar no trabalho. Os jovens – nascidos e criados em um sistema que pouco valoriza o trabalho duro – são ainda piores. Em relatório recente, três de cada quatro empregadores noruegueses responderam que os jovens suecos que trabalham no país têm mais capacidade laboral do que os jovens noruegueses. Dos entrevistados, menos de 2% consideravam que os jovens noruegueses entre as idades de 16 e 24 anos têm grande capacidade laboral. Stein André Haugerund, presidente da empresa de recrutamento Proffice, que conduziu a pesquisa, argumentou que o modelo assistencialista da Noruega criou uma situação em que os incentivos para o trabalho duro são limitados, o que, por sua vez, afeta o comportamento dos jovens.[198]

Quem duvida da influência de sistemas assistencialistas generosos sobre as normas de trabalho deveria pensar no caso da Noruega. É difícil negligenciar o fato de que os noruegueses já tiveram a ética de trabalho mais sólida do mundo. Sem confiança mútua, coesão social e uma cultura focada na responsabilidade individual, a Noruega não teria tido o sucesso que teve. A riqueza petrolífera do país turbinou ainda mais a economia. No entanto, isso provou ser uma faca de dois gumes, já que as grandes receitas petrolíferas do Estado impossibilitaram a generosidade dos programas públicos e de transferência de renda. De um ponto de vista progressista, poder-se-ia argumentar que a situação norueguesa – isto é, ser capaz de bancar um Estado de bem-estar generoso graças à riqueza em recursos naturais – é admirável. Infelizmente, tal qual nos países árabes, o assistencialismo não gerou bem-estar social; como consequência não intencional, esses sistemas criaram a classe dos socialmente pobres.

UMA CLASSE DE SOCIALMENTE POBRES

Na superfície, parece que o desemprego na Noruega é muito baixo. Na realidade, grande parte dele está disfarçada nas estatísticas de aposentadorias precoces. Isso é verdade entre os noruegueses, em geral, e entre os imigrantes, em particular. Um estudo analisou indivíduos na faixa etária dos 30–55 anos que receberam pensão por invalidez em algum momento no período entre 1992 e 2003. Esse grupo inclui 11% de homens e 16% de mulheres com ascendência norueguesa. Para os nascidos no Oriente Médio e no Norte da África, os números são ainda maiores: 25% entre os homens e 24% entre as mulheres.[199]

É óbvio que pensões por invalidez deveriam beneficiar pessoas verdadeiramente incapacitadas. Causa estranheza, então, que boa parte da população de um dos países mais saudáveis do mundo receba esse benefício. Uma explicação é que esse benefício seja usado para ocultar o verdadeiro nível de desemprego – se um desempregado recebe benefícios por invalidez, ele não é mais considerado parte da força de trabalho, e, portanto, desaparece das estatísticas de desemprego. Outra explicação é que muitos indivíduos fraudam o sistema. Receber uma pensão por invalidez é normalmente mais lucrativo do que receber o seguro-desemprego. Assim, muitos desempregados, doentes, porém ainda capazes de trabalhar, esforçam-se para receber a pensão por invalidez. Alguns até a combinam com trabalho informal, o que prova que de fato não estão tão doentes a ponto de não poder trabalhar.

Os países nórdicos são reconhecidamente ruins na integração de imigrantes a sua força de trabalho. A combinação de tributação alta, benefícios públicos generosos e mercado de trabalho rígido dificulta até mesmo a entrada de grupos muito capacitados de refugiados na força de trabalho. A dependência da assistência e a deterioração de normas afetam diretamente os imigrantes e seus filhos. Vale a pena destacar, então, que a dependência assistencialista não é apenas um problema para as minorias, e afeta também os nórdicos de nascimento. Um bom exemplo é dado no artigo "The Confessions of a 'Welfare Freeloader'", publicado no jornal norueguês *Dagbladet*. Nele, um jovem escreveu sobre como fora sustentado pela assistência estatal pelos últimos três anos, embora fosse saudável e totalmente capaz de trabalhar. Nisso, ele não estava sozinho:

> Conheço muitas pessoas – talentosas e dedicadas – que não trabalham, e tampouco fazem outras coisas, socialmente falando. Não estudam, não têm planos para o futuro e nenhuma intenção de criar riqueza de qualquer tipo. Dentro desse grupo, o interesse em "participar" ou "ajudar" é mínimo, isso quando chega a ser mencionado. Praticamente inexiste um sentimento de responsabilidade para com a "sociedade".[200]

Esse artigo gerou um debate nacional sobre a necessidade de ajustar a generosidade do Estado de bem-estar social mesmo na rica Noruega, pois ficara óbvio que ele próprio estava enfraquecendo seu objetivo central de combater a pobreza – e, inadvertidamente, criando uma classe de socialmente pobres.

EXISTE ASSISTENCIALISMO EXAGERADO?

A questão política central é: pode haver algo como assistencialismo demais? É possível que indivíduos possam, em certas circunstâncias, melhorar sua situação ao receber menos assistência pública? Essa é uma questão complicada de responder, pois é difícil provar o impacto de uma determinada política no âmbito individual e familiar. Gordon B. Dahl, Andreas Ravndal Kostøl e Magne Mogstad usam um método engenhoso para chegar a uma resposta conclusiva. Nas ciências sociais, é muito difícil provar relações de causa e efeito. Para distinguir causalidade e correlação, o melhor método é o dos "experimentos naturais".

Dahl, Kostøl e Mogstad escrevem: "Alguns legisladores e pesquisadores argumentam que existe uma relação causal, em que a cultura do uso da assistência se torna hereditária. Outros argumentam que os determinantes da pobreza ou da falta de saúde são correlacionados entre gerações de formas sem relação alguma com a cultura do assistencialismo". É difícil testar empiricamente essas alegações, pois muitos fatores podem explicar a ligação entre o comportamento dos filhos e a tendência dos pais a depender da assistência pública. Contudo, os autores encontraram um experimento natural que possibilita isolar o efeito da generosidade estatal. No sistema assistencialista norueguês, juízes são selecionados para revisar solicitações de aposentadoria por invalidez inicialmente negadas. Alguns juízes de apelação são sistematicamente mais lenientes na concessão de benefícios. Da perspectiva dos requerentes, ter seu caso avaliado por um juiz leniente ou exigente é um evento aleatório. Os pesquisadores podem, portanto, comparar aqueles que conquistam pensão por invalidez por um juiz leniente com outros que têm o benefício negado por um juiz mais rígido. A dedução é clara. Os autores concluem:

> Há uma forte evidência de uma relação causal entre as gerações: quando a pensão por invalidez de um pai é aprovada na etapa de apelação, a participação de seu filho na fase adulta [em programas assistenciais] nos cinco anos seguintes aumenta em 6 pp (pontos percentuais). Esse efeito cresce com o tempo, aumentando para 12 pp após 10 anos. Embora essas conclusões sejam específicas a nosso experimento, revelam que as reformas assistencialistas podem ter efeitos de longo prazo sobre a participação no programa, dado que qualquer efeito original sobre a geração atual poderia ser reforçado ao mudar também o comportamento de participação de seus filhos.[201]

Assim, podemos pôr fim ao debate político secular sobre a dependência do Estado de bem-estar social ao analisar o Estado mais generoso do mundo desenvolvido. A conclusão é clara: assistencialismo demais pode, sim, criar uma armadilha de pobreza para as famílias, gerando uma marginalização social que é transmitida de pai para filho.

UM MEIO PARA SAIR OU CAIR NA POBREZA?

Como sugeriu o Prêmio Nobel Robert Fogel, diversas causas tradicionais de pobreza foram mitigadas nas sociedades modernas. Em gerações passadas, os nascidos em famílias empobrecidas passavam fome, não tinham casa, não conseguiam financiar sua educação e não dispunham de meios para comprar roupas decentes para vestir em entrevistas de emprego. Esses eram obstáculos reais para indivíduos que desejavam ter uma vida boa e independente. Hoje, na maioria, se não em todas as sociedades modernas, os desprivilegiados têm a seu dispor vários programas públicos que atendem suas necessidades básicas, tais como alimento e moradia. A educação básica é gratuita, e bolsas abundam para financiar seus estudos universitários. O capitalismo global criou um sistema em que é difícil determinar a distância se uma camiseta foi feita por um refinado alfaiate italiano ou comprada por alguns dólares na H&M ou na Zara. Mas isso não significa que todos os obstáculos para sair da pobreza desapareceram. Ainda hoje, quem nasce em circunstâncias pobres normalmente permanece no mesmo estado, e, por sua vez, transmite a marginalização social para seus filhos.

Fogel sugere que existe pobreza nas sociedades modernas em grande parte devido a uma distribuição desigual de "recursos espirituais", como autoestima, disciplina e sentido comunitário.[202] Instituições básicas de assistência podem ajudar a aliviar a pobreza material, oferecendo escolarização para todos. Podem até prover muitos benefícios a famílias menos favorecidas. No entanto, a pobreza espiritual que Fogel destaca pode ser exacerbada quando indivíduos que poderiam ser independentes se tornam dependentes da assistência pública. É isso que Ronald Reagan quis ressaltar quando sugeriu que "Talvez o efeito mais insidioso do assistencialismo seja a usurpação do papel de provedor", destacando como os "programas governamentais romperam os laços que uniam as famílias pobres".

ROOSEVELT E REAGAN ESTAVAM CERTOS

Em resumo, Roosevelt e Reagan tinham boas razões para temer os danos irreparáveis ao tecido social e ao bem-estar humano gerados pela dependência do Estado assistencialista. Embora os Estados nórdicos de bem-estar social, em particular, pareçam evitar inicialmente o problema do dano moral, sabemos hoje sem dúvida que não tem sido assim no longo prazo. A deterioração das normas devido ao ajuste a Estados de bem-estar social generosos é um fenômeno observável, não menos no norte da Europa. A única coisa que Roosevelt não previu foi que as normas mudam devagar. Mesmo os Estados de bem-estar do norte da Europa – fundados em sociedades com forte ética de trabalho e ênfase na responsabilidade individual – não escaparam de suas terríveis previsões.

Embora os ideais do Estado de bem-estar social permaneçam fortes no norte da Europa, líderes políticos tanto de esquerda como de direita em países como Holanda, Suécia e Dinamarca querem formular um novo contrato social com maior ênfase em incentivos, responsabilidade pessoal e mercados de seguro. A motivação por trás dessa mudança política não é apenas reduzir o gasto público ou fortalecer a ética de trabalho. A ideia básica do assistencialismo é ajudar grupos em desvantagem a criar um futuro melhor para si e suas famílias. É evidente que um Estado assistencialista muito generoso não é o melhor caminho para alcançar tal resultado. Mesmo proponentes de grandes Estados deveriam se esforçar para encontrar um equilíbrio. Políticas de assistência mais generosas nem sempre são sinônimo de melhores condições para os menos favorecidos.

9
O INDIVÍDUO INDEPENDENTE NA SOCIEDADE E COMUNIDADE

Por Tom G. Palmer

Como indivíduos independentes coordenam suas ações com outros para gerar ordem social? Seres humanos individuais têm autocontrole, liberdade e responsabilidade em sua natureza, ou o autocontrole é construído? O autocontrole é particular a algumas culturas e talvez incompatível com outras culturas e religiões? Sociologia, economia, história e ciência política ilustram a ligação entre individualidade, autocontrole e liberdade, enquanto diversas tentativas de vincular a liberdade apenas a uma ou outra cultura são examinadas e desmascaradas; conceitos, práticas e ferramentas têm uma história, mas não procede que só os herdeiros de certas culturas podem adotá-las ou utilizá-las. A liberdade é um direito humano universal e carrega consigo a responsabilidade humana universal do respeito pela liberdade dos outros. (Nota: neste ensaio, o termo liberalismo é usado como sinônimo de liberalismo "clássico").

ALGUMAS PESSOAS, AO PENSAR EM INDIVÍDUOS INDE-
pendentes, imaginam seres brutos e solitários que se isolam da sociedade e seguem "por conta própria", ou egoístas e egocêntricos que rejeitam todas as relações compartilhadas de família, amizade e comunidade. Essas pessoas supõem, desprovidas de evidências, que indivíduos independentes são, de alguma forma, avessos a ou mal preparados para interagir em sociedade. Na verdade, quanto mais "sociais" as pessoas se tornam, mais complexas passam a ser as sociedades, e mais os indivíduos que a constituem precisam exercer e garantir o autocontrole. Maior diferenciação (ou individuação) é em si produto da interação social; quanto maior a complexidade da ordem social, maior é a chance de que seus membros se distingam através de formas complexas, coincidentes e sobrepostas de afiliação e identidade.[203]

A individualidade está intimamente ligada à responsabilidade e à responsabilização. Nós "somos responsáveis" pelas escolhas que fazemos e suas consequências. John Locke situou o agente moral, o ego, na habilidade de se responsabilizar por suas ações.

> Qualquer substância vitalmente unida ao ser pensante presente é uma parte do mesmíssimo *eu* que existe agora. Qualquer coisa unida a ele pela consciência de ações anteriores também constitui uma parte do mesmo eu, que é o mesmo tanto antes como agora.
>
> *Pessoa*, como o entendo, é o nome para esse *eu*. Onde quer que um homem encontre o que chama de *si mesmo*, penso que aí outro homem pode dizer que se encontra a mesma *pessoa*. É um termo forense que associa as ações e seus méritos; e, assim, pertence somente a agentes inteligentes capazes de lei, felicidade e miséria. Essa personalidade estende a *si mesma* além da existência presente ao que é passado somente pela consciência, pela qual se implica e se torna responsável, apropria-se e imputa a si mesma ações passadas, exatamente a partir do mesmo fundamento e pela mesma razão que o faz com relação às ações presentes.[204]

O eu não existe em um mero instante, desaparecendo em outro, sendo substituído por outro ser. O "ser" – a "pessoa", o "indivíduo" – existe temporalmente, através de suas experiências. O conceito de propriedade não é aplicável apenas a posses físicas; você "se apropria" de suas ações, e por meio delas se torna a pessoa que você é, e também a pessoa que deseja ser.

O sociólogo Georg Simmel identifica dois tipos de individualismo: "individualidade no sentido de liberdade e responsabilidade pessoal oriundo de um ambiente social amplo e fluido. ... E um outro que é qualitativo: que o ser humano único se distingue de todos os outros; que seu ser e sua conduta – em forma, conteúdo ou ambos – lhe são particulares; e que ser diferente gera significado e valor positivos para sua vida."[205] Neste ensaio, ambos os sentidos serão utilizados, porém ainda mais distinguidos.

O individualismo, como teoria política que explora a relação adequada entre os indivíduos e entre os indivíduos e o Estado, é diametralmente oposto ao "atomismo" – a ideia de que os humanos existem sem conexão social, como átomos que se chocam em um vácuo.[206] O individualismo é, ao mesmo tempo, um entendimento da singularidade de cada indivíduo e uma teoria moral sobre a associação humana que se baseia no reconhecimento de características comuns que merecem respeito, a saber, o direito de cada um de fazer escolhas que conduzem sua própria vida.[207]

Individuação, isto é, o desenvolvimento de um eu único a quem se é fiel, segue o desenvolvimento do autocontrole. Maior coordenação e harmonia em uma ordem social complexa exigem não sistemas de comando mais poderosos e detalhados por quem detém a autoridade ou o poder, mas níveis mais elevados de individuação e autocontrole.[208] Maior autocontrole é parte central do processo civilizatório. Quanto mais complexa e diferenciada a ordem social, maior a necessidade correspondente de autocontrole; posto de outra forma, uma maior coordenação social entre grandes números de pessoas, que caracteriza a civilização moderna, pode florescer apenas quando as pessoas exercem capacidades maiores de autocontrole. A história da civilização marca uma preocupação crescente com o impacto de nossas ações tanto sobre nós mesmos como sobre aqueles com quem interagimos, uma consciência que se torna habitual.

O sociólogo Norbert Elias encontrou evidências de maior autocontrole em sua análise detalhada de livros de etiqueta e costumes sociais dos séculos

XIII ao XIX; os resultados foram surpreendentes, já que esses livros instavam *adultos* a evitar comportamentos que hoje seriam considerados nojentos mesmo entre crianças, e que não são ensinados a adultos (que supostamente já os aprenderam), mas sim a crianças pequenas.[209] (Exemplos notáveis incluem não assoar o nariz com uma mão e depois usar a mesma mão para pegar um pedaço de pão, não roer um osso e devolvê-lo à travessa de carne, não tirar meleca do nariz enquanto come, não assoar o nariz na toalha da mesa etc.) Além disso, a interação humana demonstrava brutalidade e violência terríveis, mas na época tão comuns que nem eram dignas de nota.[210]

Nenhuma mente é capaz de dar os comandos necessários para que um grande número de pessoas engajadas em projetos complexos coordene seu comportamento de forma harmoniosa. Generais podem comandar exércitos, que são organizações com fins específicos; porém, ninguém pode "comandar" sociedades, que são muito mais complexas que organizações e que não estão subordinadas a um propósito ou objetivo particular, mas resultam de interações de muitas pessoas perseguindo vários objetivos distintos. Ordens sociais complexas dependem primariamente do respeito a regras abstratas (isto é, regras que não dependem de objetivos, propósitos, interesses ou indivíduos particulares). Sua observância requer um alto nível de autocontrole, pelo qual indivíduos podem conter impulsos frequentemente danosos ou agressivos, ajustando seu comportamento às mesmas regras seguidas pelos outros. Nas palavras de Elias:

> Na medida em que aumenta a interdependência das pessoas em decorrência da divisão do trabalho, todos se tornam cada vez mais dependentes de todos, até mesmo os membros de classes mais altas daqueles socialmente inferiores a eles. Esses se tornam mais iguais àqueles, a ponto de os socialmente superiores sentirem vergonha na presença de seus inferiores. É somente nesse sentido que a couraça de restrições é apertada a ponto de ser aceita pelas pessoas em sociedades industriais democráticas.[211]

Coordenação social pacífica e prosperidade não dependem de ditaduras, mas da liberdade de escolha dos indivíduos dentro da estrutura de regras geralmente aplicáveis, que John Locke referiu como "liberdade para dispor e ordenar, como ele preferir, sua pessoa, suas ações, posses, e toda sua propriedade, dentro da permissão daquelas leis sob as quais ele está sujeito; portanto, não estar sujeito à vontade arbitrária do outro, mas livremente seguir a sua".[212]

As regras de trânsito oferecem um exemplo simples e facilmente compreensível: milhões de motoristas têm seus próprios objetivos e destinos, mas conseguem, mediante um conjunto relativamente simples de regras, em circunstâncias normais, chegar aos seus destinos e cumprir seus objetivos sem instruções detalhadas de um poder central.

Muitos pensadores anseiam por garantias de que tudo dará certo, na crença de que "se alguém estivesse no controle", ou "se houvesse uma lei", erros, fracassos, má sorte ou becos sem saída seriam evitados. Essa é uma presunção fatal. É óbvio que o autocontrole não garante resultados perfeitos; nem todo o mundo consegue ter autocontrole ou conquistar a felicidade, às vezes por seus próprios erros, às vezes por fatores fora de seu controle.[213] A coordenação social voluntária não garante nem a eficiência perfeita nem os melhores resultados possíveis. Esse não é um argumento contra o autocontrole, já que *nenhum* sistema de controle estatal, da ditadura mais branda à mais severa, atinge seus objetivos declarados de perfeita harmonia social e felicidade universal. Não basta imaginar um resultado ideal e, então, vislumbrar um ditador ideal criando-o; a vida não é assim. Experiências amargas mostram que substituir o autocontrole pelo controle estatal raramente gera resultados positivos e, de modo geral, serve como desculpa para a exploração predatória de parte daqueles que exercem o poder sobre os outros.[214]

O MITO DO INDIVÍDUO PURAMENTE RACIONAL

O indivíduo isolado e autossuficiente que faz a escolha racional de "viver em sociedade" só porque isso o beneficia é um mito.[215] O fato de pessoas se reunirem para estabelecer regras que governem a sociedade já pressupõe um conjunto de relações, sem mencionar a norma de que o acordo voluntário é a base adequada da cooperação social. Sem essas relações e normas não haveria acordo ou negociação para fundar a "sociedade".[216] O mito de indivíduos solitários gerando moralidade e normas através de acordos não é apenas nocivo ao avanço do autocontrole e das ordens sociais e políticas que protegem a liberdade individual, mas também diretamente prejudicial à causa da liberdade, do governo limitado e do autocontrole. É um espantalho conveniente adotado pelos defensores do controle estatal sobre os indivíduos (por isso o divulgam sempre que podem) que nos afasta da verdadeira natureza da cooperação voluntária em sociedades livres. É tão óbvio que os indivíduos dependem uns dos outros não apenas para sobreviver (considere voar de avião ou assistir a filmes, sem falar dos confortos da vida moderna) que se o público puder ser falsamente convencido de que os liberais individualistas negam algo tão básico, o liberalismo pode parecer tolo. Famílias, tribos, escolas, clubes, templos, vilas, cidades e tantas outras entidades inerentemente sociais são obviamente necessários para transmitir e preservar valores, normas, hábitos, linguagem e outros traços de caráter que nos tornam humanos. O próprio individualismo é produto da interação social: humanos com milhares de características, interesses, necessidades e capacidades particulares não poderiam viver – e muito menos prosperar – sem a cooperação social, como já ensinado há séculos pelos cientistas sociais liberais/libertários.

O pensador social F. A. Hayek enfatizou (não que seus críticos tenham se importado em lê-lo) que o "individualismo" não se baseia na visão do homem como um ser "profundamente racional e inteligente", mas sim um ser "muito irracional e falível, cujos erros individuais são corrigidos apenas no curso do processo social. ..."[217] Nenhum indivíduo pode ser onisciente. Não há mente que tenha acesso a toda a informação relevante disponível; em meio a seres humanos falíveis e limitados, surgiram instituições que lhes permitem compartilhar informação com pessoas que nem conhecem. Considere os preços: algumas das obras econômicas mais importantes de Hayek destacam como eles transmitem formas encapsuladas de informação que ajudam bilhões de pessoas com interesses distintos a coordenar suas ações.[218] Hayek focava nas regras evoluídas pelas quais os seres humanos coordenam suas ações sem depender da onisciência de uma autoridade planejadora central. Ele associou o "verdadeiro individualismo" não a uma resolução, força, intelecto ou poder sobre-humanos – características que poderiam sugerir que um planejamento social coerente por um líder inteligente, capaz e informado poderia ser possível, com humildade e reconhecimento dos limites das mentes individuais.[219] Como o psicólogo social Jonathan Haidt coloca, "devemos duvidar da capacidade de raciocínio de qualquer *indivíduo* ... Não devemos esperar que produza raciocínio bom, de mente aberta e buscadora da verdade, particularmente quando seu interesse ou sua reputação está em jogo. Mas é possível esperar que um grupo de indivíduos produza conclusões boas como consequência emergente do sistema social caso eles se reúnam da forma correta, de modo que alguns deles possam usar sua capacidade de raciocínio para desmentir as alegações dos outros, todos compartilhando um laço ou destino que lhes permite interagir civilizadamente".[220]

F. A. Hayek considerava a principal lição dos pensadores liberais clássicos do Iluminismo a importância de limitar o dano das ações dos indivíduos e deflacionar a ambição de impor sua genialidade sobre a sociedade: "Não seria exagero afirmar que o principal mérito do individualismo defendido por Adam Smith e seus contemporâneos é terem proposto um sistema sob o qual os homens maus podem causar menos dano. Esse é um sistema social que, para funcionar, não depende de encontrar bons homens para geri-lo, ou que todos os homens se tornem melhores do que são, mas que se utiliza de todos os homens em sua variedade e complexidade, às vezes bons, às vezes maus, às vezes inteligentes e, com mais frequência, estúpidos".[221] (Esse *insight* não se limitou a Smith – foi compartilhado por muitos ícones da história do liberalismo, como James Madison, Benjamin Constant, Frédéric Bástiat e muitos outros).

Todo indivíduo é único (uma afirmação tão crua que quase nem vale menção), e quase todo indivíduo (existem exceções patológicas) pode exercer o autocontrole. Mesmo assim, muitos ideólogos influentes que desejam mais poder para o Estado argumentam que a "liberdade verdadeira" só pode ser alcançada com a renúncia ao autocontrole e a adoção do controle estatal. Outros, menos extremos em sua ideologia, argumentam que especialistas dotados de conhecimento, sabedoria e capacidade de previsão superiores deveriam poder controlar as decisões do resto da sociedade para o próprio bem dela; algumas vezes, sugerem que essa submissão possibilita uma liberdade superior; em outras, justificam-na em termos utilitaristas, já que especialistas detêm um conhecimento especial que o cidadão comum (isto é, você e eu) não tem.[222] É óbvio que especialistas treinados geralmente conhecem mais de sua área de especialização do que os outros, mas isso não significa que a) os políticos sejam essas pessoas, b) os políticos tenham mais discernimento para identificar especialistas qualificados do que aqueles que sofrem diretamente as consequências de boas ou más decisões ou que c) uma decisão "tamanho único" seja a melhor decisão para todos e que, portanto, deveria ser imposta uniformemente. (A vasta literatura na economia da "escolha pública" documenta não só os efeitos da superestimação das capacidades dos legisladores como também os incentivos perversos criados pela substituição do autocontrole pelo controle estatal.)[223]

A LIBERDADE E RESPONSABILIDADE INDIVIDUAIS SÃO CULTURALMENTE ESPECÍFICAS?

É óbvio que a alegação de indivíduos super-racionais formando sociedades do zero é totalmente descabida, mas o que dizer da afirmação de que autonomia e responsabilidade individuais são produtos de uma cultura específica e que, portanto, quaisquer reflexões sobre elas são limitadas a essa cultura? Essa afirmação é feita como se fosse óbvia e inquestionável. Ela merece ser questionada, pois não é óbvia. Na verdade, é falsa e prejudicial, pois tem sido invocada para justificar a imposição – ou a indiferença – diante de situações de sofrimento incalculável. ("Eles não valorizam a liberdade";

"Eles não seguem o mesmo padrão de respeito a mulheres, crianças ou vulneráveis"; "Eles não sentem como nós a dor de uma perda.")

Antes de refutar a alegação de que a capacidade e o direito ao autocontrole individual se limitam apenas a uma cultura (ou aos que geraram tais crenças), vale a pena analisá-la em sua forma mais popular, a de que as ideias carregam condições que limitam sua aplicação. Antoine Lavoisier, um dos grandes pioneiros da Química e descobridor do oxigênio, nasceu na França e escreveu em francês. Alguém inclinado a limitar a aplicação das ideias às suas culturas de origem poderia concluir que o oxigênio (ou, pelo menos, a teoria do oxigênio) não pode ser útil para pessoas de outros países, ou que falam outros idiomas. Coreanos e canadenses (exceto, talvez, pelos moradores de Québec) não poderiam utilizar a teoria do oxigênio, pois a aplicação do conceito estaria limitada aos franceses. E o mesmo passaria com o uso do zero como caractere no cálculo matemático, ou do yoga como exercício saudável. (Hindus somente, por favor!) O fato de uma ideia ter uma história, com nomes, lugares e épocas específicas, não limita sua aplicação ou utilidade aos povos que falam aqueles idiomas, que vivem naqueles lugares, ou às pessoas que viveram naquelas épocas.

A ideia da liberdade individual e do autocontrole, em vez do controle por senhores de escravos, senhores de guerra, potentados ou políticos, teve sua formulação mais completa na Europa e em sociedades que derivaram suas instituições políticas da Europa. O nome da filosofia que se baseia na "presunção de liberdade" é *liberalismo*.[224] (Devido a circunstâncias históricas peculiares, esse termo adquiriu um significado diferente nos Estados Unidos, onde a filosofia da liberdade é hoje às vezes chamada de "liberalismo clássico"; o termo "libertarianismo" também é usado, embora seja mais adequado para formas mais radicais ou consistentes de liberalismo.) A liberdade é, então, a pedra angular do liberalismo, mas seria ela uma ideia unicamente "europeia"? Por certo, a ideia de autocontrole e ausência de coerção é conhecida em outras sociedades. Além disso, as ideias do individualismo liberal se disseminaram pelo mundo, a ponto de existirem hoje defensores do liberalismo em todos os países (incluindo Coreia do Norte, Irã, Arábia Saudita e outros Estados tirânicos), mesmo que suas vozes estejam caladas ou suprimidas por autoridades violentas e intolerantes, que agem através do governo ou organizadas como gangues, comitês de vigilância ou outros tipos de associações criminosas. Contra o liberalismo, diz-se com frequência que, *como os governantes desses países não abraçam a ideia de liberdade de seus súditos, justifica-se sua decisão de negar a liberdade de religião, comércio, trânsito ou expressão para seus súditos.* Essa conclusão não é lógica. Essa alegação se baseia em uma premissa oculta de que os que ocupam o poder representam os reais desejos ou pensamentos do povo, o que é impossível; ou presume que, só *porque* as tiranias de fato exercem poder sobre seus súditos, estão justificadas em exercer todos os poderes que exercem, o que não é um argumento. (A declaração "aquelas pessoas não acreditam na liberdade como nós" e a conclusão "é, portanto, correto prender, encarcerar ou puni-las por desobedecer seus governantes" pressupõem que os indivíduos ou grupos punidos – e não apenas os governantes que os punem – não acreditam ou valorizam sua própria liberdade; geralmente, não é o caso. Ademais, mesmo se fosse, não seria em si uma razão suficiente para oprimi-los; não só aqueles que abraçam explicitamente sua liberdade merecem ser livres.)[225]

Do mesmo modo que o fato de o yoga ter sido criado na Índia não significa que ninguém mais pode aprendê-lo ou praticá-lo, o fato de a teoria do direito ao autocontrole ter sido primeiro articulada por certos grupos antes de outros, ou que esses possam ter adotado o conceito de direitos antes daqueles, não limita o escopo da aplicação dos direitos apenas aos descendentes de seus originadores.

DIMENSÕES HISTÓRICAS DA LIBERDADE E RESPONSABILIDADE INDIVIDUAIS

No entanto, a história importa. O entendimento histórico oferece uma ferramenta poderosa com a qual podemos compreender teorias científicas, conceitos filosóficos, regulamentos jurídicos e outros fenômenos sociais. Em geral, é mais fácil entender uma ideia se conhecermos sua história. Ideias, conceitos e teorias podem ser entendidos como ferramentas que utilizamos para resolver problemas. Logo, entender suas histórias – dos problemas para os quais foram apresentadas como soluções – nos ajuda a entender seu significado. Dito isto, oferecer uma descrição histórica de uma ideia não implica necessariamente que ela seja aplicável apenas a certos povos, épocas ou lugares. Tampouco implica necessariamente que só poderia ter sido desenvolvida sob essas condições. É comum que povos de épocas e lugares distintos tenham desenvolvido ferramentas similares ou idênticas, bem como as tenham disseminado para outros grupos através de persuasão e emulação.

Reconhecer a individualidade e o caráter único de cada indivíduo é prática comum em todas as culturas. É simplesmente inegável que as pessoas sejam individualmente diferentes; de fato, órgãos e regiões específicos do cérebro humano são funcionalmente necessários para distinguir e reconhecer rostos, e sem eles seria impossível sustentar a cooperação humana.[226] Cada indivíduo é único, mesmo que alguns governantes possam nos considerar peças intercambiáveis e descartáveis. O que nem sempre fica claro é que compartilhamos algo moralmente significativo, isto é, o direito legítimo a um tratamento justo, de respeito pelos direitos humanos. Só recentemente essa ideia obteve aceitação generalizada, embora ainda não universal.

A apreciação teórica da individualidade em ambos os níveis da individuação e do individualismo como base de afirmações políticas e jurídicas emerge em épocas e lugares distintos. Esses fluxos de ideias individualistas que se uniram para formar o liberalismo têm origem principalmente europeia, embora os elementos centrais do individualismo liberal possam ser encontrados nas civilizações chinesa, islâmica, indiana etc. Tiveram origem europeia devido a um conjunto de razões historicamente contingentes, incluindo: a descentralização radical pós-clássica da autoridade política na Europa (que resultou tanto na sociedade feudal como, depois, na sociedade civil; a primeira, primordialmente rural, e a segunda, urbana e comercial, mesmo ambas sendo respostas descentralizadas à violência e predação que facilitaram a experimentação e a competição entre jurisdições);[227] a separação e a rivalidade de instituições da religião organizada e do Estado;[228] a competição entre autoridades políticas (incluindo repúblicas municipais, reinos, principados, arcebispados, quintas e outras entidades políticas) para atrair trabalhadores, habilidades e capital, e o crescimento subsequente da indústria e do comércio;[229] e a redescoberta e frequentemente seletiva reapropriação da herança clássica – principalmente grega e romana – na filosofia e no direito.[230] (A emergência do liberalismo é em si uma ordem espontânea, e não produto de uma ou poucas mentes brilhantes; ele surgiu da confluência de um número de processos diferentes para formar um corpo coerente e mutuamente fortalecido de ideias em áreas como direito, filosofia moral, economia, sociologia, psicologia, história e em outras ciências humanas.)[231]

CONTINGÊNCIA HISTÓRICA

Existem diversas contingências na história, coisas que poderiam ter sido de outra forma. Se os exércitos mongóis tivessem permanecido na Europa após o envenenamento do grande khan Ögedei em 11 de dezembro de 1241, a história europeia provavelmente teria sido muito diferente. No entanto, os comandantes mongóis retornaram a Karakorum para eleger um novo khan, e a Europa central e ocidental foram poupadas das conquistas mongóis que influenciaram profundamente as sociedades da Rússia, Ásia, Cáucaso, Ásia Central, Índia e Oriente Médio. Acidentes e contingências históricas justificam nosso ceticismo em relação a alegações essencialistas sobre culturas.

É arriscado inferir desenvolvimentos necessários de pontos de partida aleatórios, mas isso raramente impede as pessoas de fazê-lo. Alguns anos atrás, participei de um seminário que comparava os pensamentos aristotélico e confuciano, ao final do qual um participante concluiu firmemente que uma cultura baseada em Aristóteles resultou na Constituição Americana, na Revolução Industrial, na abolição da escravidão, enquanto outra baseada em Confúcio resultou em Mao Tsé-Tung, milhões de mortes no Grande Salto Adiante e na Revolução Cultural. É como se nada mais tivesse ocorrido no período entre as vidas de Aristóteles e Confúcio e o presente; segundo essa abordagem popular, a história é apenas uma trajetória linear de uma ideia para um conjunto de resultados. A sociedade é moldada exclusivamente por uma Ideia (com "I" maiúsculo) e, como Ideias diferentes têm implicações diferentes, precisamos apenas rastrear essas implicações para deduzir o presente das ideias do passado. Alguém lê a Bíblia, Aristóteles, o Corão, os *Analectos de Confúcio* ou o *Mahabharata* e, sem ferramentas ou contexto de interpretação, deduz suas implicações. (Às vezes, as associações beiram o absurdo, como no caso entre "cultura asiática" e coletivismo. Quando alguns alegam a inevitabilidade da tirania na Ásia, os libertários chineses apontam para Karl Marx, Friedrich Engels, Vladimir Lenin e Josef Stalin, cujos pôsteres ainda são vistos nas repartições públicas chinesas, que não são pensadores chineses ou asiáticos.[232] Os horrores da tirania coletivista na Ásia tiveram muito mais a ver com ideias articuladas por pensadores europeus do que com a "cultura asiática", que, de qualquer forma, não é monolítica.)

É possível encontrar manifestações dos ideais libertários nos tempos clássicos,[233] e expressões de individualidade e liberdade pessoal nas civilizações arábica, islâmica[234] (esta também herdeira da civilização clássica), chinesa[235] e indiana.[236] No entanto, as fontes intelectuais e institucionais do que veio a ser o liberalismo global convergem principalmente da Europa.

A trajetória histórica poderia ter sido outra, mas não foi. Embora o pensamento individualista possa ser encontrado em outras culturas – e, se as coisas tivessem sido diferentes, o liberalismo poderia ter surgido de outra forma, e mais forte nelas (e não na Europa) –, não foi isso que ocorreu, e é por esse motivo que os historiadores se concentram nas origens europeias do individualismo. (Um número desproporcional de ciências físicas também se originou de pensadores europeus, mas poucos afirmariam que a biologia, a química, a física e a mecânica modernas são apenas para europeus simplesmente porque algumas das invenções e descobertas pioneiras nesses campos ocorreram na Europa.)

INDIVIDUALIDADE E INDIVIDUALISMO POLÍTICO E MORAL

Consciência da individualidade de cada um e atenção à individualidade dos outros se relacionam com o individualismo político, no sentido de uma ordem político-jurídica baseada no respeito pelos direitos dos indivíduos. No entanto, individualidade e individualismo não são, tecnicamente falando, a mesma coisa. Ambos reconhecem o caráter único do indivíduo, porém o segundo combina esse reconhecimento da individualidade com a defesa de uma característica comum atribuída a todos os seres humanos: a existência de direitos fundamentais (por exemplo, "à vida, à liberdade e à busca da felicidade"). Quando essas ideias passaram a ter uma forma clara e a obter aceitação mais ampla?

O historiador Colin Morris identificou o século XII como "uma época particularmente criativa" para o "desenvolvimento da autoconsciência e da autoexpressão ... Um homem podia se expressar sem se preocupar com as exigências da convenção ou os ditames da autoridade".[237] Morris enfatizou a importância do pensamento humanista (em particular, a redescoberta dos escritos de Cícero e Sêneca, o Jovem, dois importantes filósofos romanos), a mudança do foco da teologia da salvação da humanidade para a salvação individual e a representação da individualidade humana na arte e na literatura.[238] A apreciação artística e cultural pela individualidade aumentou ao longo daquele século e além. Como sinais desse aumento, John Benson dirige nossa atenção para coisas como o desenvolvimento da biografia e do [auto]retrato, a diversificação dos nomes, o monasticismo, a substituição de concepções de culpa individual por vergonha social e o foco na distinção entre infância e idade adulta.[239]

O reconhecimento dos direitos iguais de todos complementa o reconhecimento da individuação das pessoas, que não são meramente unidades intercambiáveis. Todo ser humano é único, porém compartilha características comuns com todos os demais, entre elas, direitos iguais. (Nas palavras da Declaração da Independência dos EUA, "Todos os homens são criados iguais ... dotados por seu Criador com certos direitos inalienáveis ...".) Um documento-chave na história do reconhecimento legal dos direitos universais foi um decreto, uma declaração legal, emitida pelo jurista e papa Inocêncio IV em 1250, que trata dos direitos dos não cristãos:

> Afirmo ... que o senhorio, a posse e a jurisdição podem pertencer aos infiéis de forma lícita e sem pecado, pois, como já foi dito, essas coisas não foram feitas apenas para os fiéis, mas para toda criatura racional. "Ele faz o sol nascer para o justo e o injusto, e alimenta os pássaros do céu" (Mt 5:6). Da mesma forma, dizemos que é ilícito ao papa ou aos fiéis tirar dos infiéis seus pertences, senhorios ou jurisdições, pois suas posses não incorrem em pecado.[240]

Vale a pena pausar aqui para considerar o papel da religião nessa história. O papa Inocêncio IV cita o Evangelho de Mateus do Novo Testamento cristão, além de aludir ao conceito aristotélico/escolástico da racionalidade prática. Por citar um texto do evangelho cristão, ele provoca a questão: o cristianismo teve papel central nisso? Em caso afirmativo, qual das muitas teologias cristãs ou quais elementos das várias doutrinas cristãs foram essenciais? E por que insistir que "essas coisas não foram feitas apenas para os fiéis, mas para toda criatura racional"?

Em um livro sério e provocativo, repleto de novas ideias, o teórico político Larry Siedentop ofereceu uma resposta que me fez recordar daquele participante do seminário que concluiu que a Constituição Americana resultara das ideias de Aristóteles, e que o desastroso Grande Salto Adiante da China resultara de Confúcio, implicando que cada resultado fluía de textos escritos milhares de anos antes. É válido examinar o argumento de Siedentop, pois entender seus erros pode nos ajudar a apreciar melhor a universalidade das ideias do individualismo liberal. Em seu recente livro *Inventing the Individual: The Origins of Western Liberalism*, Siedentop sugere que a doutrina cristã, na forma das ideias propostas por São Paulo (doravante, "Paulo") foi a base para o individualismo liberal, e que a ideia de direitos não só surgiu em um contexto particular como não poderia ter surgido em qualquer outro, e talvez nem pudesse ser possível sem um contexto teológico apropriado. Siedentop argumenta que foi a mensagem de Paulo que possibilitou o individualismo liberal. Segundo Siedentop:

O entendimento de Paulo sobre o significado da morte e ressurreição de Jesus apresentou ao mundo um novo retrato da realidade. Gerou uma fundação ontológica para o "indivíduo", calcada na promessa de que os humanos têm acesso à realidade mais profunda como indivíduos, e não apenas como membros de um grupo.[241]

Começar pelos escritos de Paulo a descrição da "invenção do indivíduo" pode parecer pouco promissor, já que eles sugerem não o reconhecimento do indivíduo como um ser moral único, mas sua submersão em uma identidade coletiva através de sua assimilação pela Igreja: "De fato, o corpo é um só, mas tem muitos membros; e no entanto, apesar de serem muitos, todos os membros do corpo formam um só corpo. Assim acontece também com Cristo" (1 Cor. 12, Bíblia Edição Pastoral).[242] Além disso, em sua Carta aos Romanos, Paulo ensina que toda autoridade política é investida da autoridade de Deus: "Submetam-se todos às autoridades constituídas, pois não há autoridade que não venha de Deus, e as que existem foram instituídas por Deus. Quem se opõe à autoridade se opõe à ordem estabelecida por Deus. E aqueles que se opõem, atraem sobre si a condenação" (Rom. 13, Bíblia Edição Pastoral). (Estudiosos se debruçaram sobre esses textos e concluíram que eles podem, de fato, ser conciliados com o individualismo liberal; porém, faz-se necessário um poderoso aparato interpretativo.)

Siedentop não aborda essas questões. Em vez disso, oferece uma descrição não muito clara sobre como a fé enfraqueceu a racionalidade, a qual ele entende – surpreendentemente – não como uma característica universal (lembre o comentário de Inocêncio IV sobre como "essas coisas não foram feitas apenas para os fiéis, mas para toda criatura racional como foi dito"), mas sim relacionada *com aristocracia, desigualdade moral e legal, e privilégio*! Segundo Siedentop, no mundo antigo e por muito tempo depois, "a razão ou racionalidade – *logos*, o poder das palavras – tornou-se intimamente identificada com a esfera pública, com o discurso na assembleia e com o papel político de uma classe superior. A razão se tornou atributo da classe governante. Às vezes, a razão era quase categoricamente fundida com superioridade social". Ao longo do livro, invoca uma suposta "associação antiga de racionalidade com desigualdade".[243] É uma descrição desconcertante, e inverte o entendimento comum das relações.

Mesmo sem revisar as sutilezas da teologia, a interpretação adequada das visões de Paulo sobre a Igreja como o corpo de Cristo, a suposta legitimidade dos poderes políticos estabelecidos, ou se a razão deveria ser entendida como igualitária e hierárquica, existe um problema óbvio e significativo na descrição histórica de Siedentop: as cartas de Paulo também são aceitas como parte da Bíblia pelos cristãos ortodoxos, entre os quais o individualismo liberal não emerge e floresce com o mesmo vigor como entre os cristãos latinos do Ocidente. Ainda assim, Siedentop, que se baseia totalmente nas palavras de Paulo, não se preocupa em considerar por que os mesmos textos, em outros contextos, não produziram o mesmo resultado.

De forma injusta, Siedentop rebate quaisquer objeções a sua tese como mero "anticlericalismo" e insiste que "textos são fatos, e falam por si".[244] Sem dúvida, para ele é só uma questão de ideias que se desenrolam, revelando suas implicações:

> Levaria séculos para que as implicações das crenças morais cristãs fossem reveladas e esclarecidas – e ainda mais tempo antes que as práticas e as instituições sociais há muito estabelecidas fossem remodeladas por essas implicações.[245]

Por que as "implicações" dos mesmos textos foram "reveladas e esclarecidas" em alguns contextos, mas não em outros? Siedentop parece não dar importância ao problema. (Ao longo do livro, Siedentop faz referência às "intuições morais cristãs", um termo ainda mais vago do que as supostas implicações por ele descobertas nos escritos de Paulo. Ele afirma até que a Reforma Gregoriana e a liberdade da Igreja, conquistadas pelos cristãos romanos, mas não pelos ortodoxos, foi produto da ação do papa Gregório VII, que "extraiu as intuições morais mais profundas da Igreja".)[246] Poder-se-ia questionar por que se passaram milhares de anos até que as implicações que supostamente levaram à tolerância fossem explicitadas.[247] Além disso, o surgimento do individualismo liberal não pode meramente ser a extrapolação das implicações dos textos, ou mesmo das intuições, quando os próprios textos (e, presumivelmente, as mesmas intuições) não parecem ter tido as mesmas implicações em outros lugares. Em vez disso, ideias diferentes prevaleceram por muito tempo em países que tinham adotado as tradições ortodoxas como norma.[248] Quando o individualismo liberal chegou a esses países, já veio adotando ideias originadas na Europa. A interpretação de Siedentop dos "textos" das epístolas de Paulo (ou das mais vagas "intuições cristãs") que "sedimentaram" o individualismo liberal falha copiosamente em explicar seu surgimento nesse contexto particular: as cartas de Paulo não são apenas consideradas parte da Bíblia cristã entre os cristãos latinos (ocidentais), mas também por outras tradições cristãs, incluindo as igrejas cópticas e ortodoxas; no entanto, as ideias e as intuições que Siedentop afirma estarem presentes não levaram ao liberalismo nessas outras tradições.

Em suas descrições teológicas e históricas bem particulares, Siedentop toca em uma questão filosófica controversa e complexa: a de que a tradição filosófica do "nominalismo" (isto é, a ideia de que o que existe são indivíduos, e não essências atemporais, e que os universais são apenas nomes) dos grandes pensadores medievais europeus Peter Abelard e William de Ockham foi outra base necessária para o individualismo. Diz-se que eles acreditam que o que existe é uma entidade individual "Larry", e não a essência "homem". Se não existem "essências", mas apenas uma multidão de indivíduos (João, Maria e José, por exemplo), então – surpresa! – individualismo. Além de nominalista, Ockham foi um dos pioneiros no desenvolvimento das teorias modernas de direitos individuais; ele também foi um "voluntarista" em teologia, isto é, explicava a criação do mundo e suas leis recorrendo à vontade de Deus, e não à Sua essência ou intelecto atemporal.

O problema da descrição de Siedentop é que as ideias de Ockham acerca dos direitos individuais nem se baseiam, nem invocam seu nominalismo ou voluntarismo, como Brian Tierney (ironicamente, a principal fonte de Siedentop a respeito de Ockham) deixa muito claro: "Ockham é apresentado em minha obra como uma figura importante no desenvolvimento das teorias do direito natural; porém, argumento que suas conclusões não derivaram de sua filosofia nominalista ou voluntarista, mas sim de uma ética racionalista aplicada a um corpo doutrinal jurídico disponível nas coleções do cânone jurídico que ele conhecia bem e citava com frequência".[249] Como Tierney e outros estudiosos demonstraram, teorias paralelas de direitos individuais estavam sendo desenvolvidas por pensadores que não partilhavam nem do nominalismo de Ockham em filosofia, nem de seu voluntarismo em teologia. Siedentop cita Tierney como fonte, mas parece não ter entendido, ou talvez nem lido, o argumento dele.[250]

Nada disso sugere que o cristianismo ou o nominalismo não tenham sido importantes na história do pensamento (o que seria absurdo), tampouco critica qualquer interpretação particular da filosofia nominalista, da metafísica teológica ou das ideias de Paulo: apenas aponta que Siedentop fracassou em sua tentativa de consolidar sua curiosa interpretação de Paulo e suas alegações sobre o nominalismo como condições necessárias e suficientes para a emergência do individualismo liberal.[251]

Por que tudo isso importa? Por três razões:

A) porque o respeito pelos direitos universalmente válidos de todos os indivíduos é compatível com uma ampla gama de filosofias, religiões e culturas, e limitar o liberalismo a apenas um contexto cultural é incompatível tanto com a evidência histórica quanto com as pretensões universais do próprio liberalismo;

B) porque a análise de Siedentop ignora ou desconsidera inovações institucionais importantes e significativas para o desenvolvimento e triunfo da liberdade individual, e como elas podem ser necessárias para a manutenção da liberdade; as inovações de maior preocupação incluem limites constitucionais ao poder governamental, pesos e contrapesos entre poderes concorrentes, liberdade de comércio e liberdade de saída, respeito pela propriedade e responsabilização de autoridades perante a lei e a sociedade civil;

C) porque Siedentop pressupõe que o cristianismo, ou pelo menos seu entendimento dele, é um elemento necessário na defesa da liberdade civil e, ademais, que o "Islã" (em vez de os islamistas politicamente intolerantes) está "desafiando" a Europa – que ele identifica com liberdade. Siedentop afirma tacitamente que "a Europa encara hoje o desafio do Islã", e questiona: "Será que os europeus algum dia entenderão a lógica moral que liga o cristianismo à liberdade civil?",[252] sugerindo, assim, que defender a liberdade civil exige a adoção daquilo que está ligado à lógica moral, isto é, uma interpretação particular de uma religião particular. Essa alegação injustificada conflita com o próprio liberalismo.

A reconstrução confusa de Siedentop das origens do individualismo liberal pode, na verdade, ser muito prejudicial ao próprio liberalismo que ele se diz ansioso por defender, pois sugere a existência de um clube fechado de culturas abertas ao liberalismo, para o qual não há mais vagas. O individualismo liberal não é uma propriedade exclusiva dos cristãos europeus, nem uma consequência inevitável das "intuições cristãs", nem uma implicação necessária de uma interpretação excêntrica dos escritos de Paulo, nem o resultado de disputas filosóficas europeias sobre realismo e nominalismo. É uma filosofia aberta às pessoas de todas as religiões ou nenhuma que adotam os princípios morais de respeito pelos direitos dos outros.

ORIGENS DO INDIVIDUALISMO LIBERAL

O historiador Walter Ullman apresentou uma refutação definitiva da tese de Siedentop antes mesmo de ele tê-la formulado. Ullman investigou a transformação do "súdito" passivo em cidadão ativo, defensor dos direitos da sociedade liberal, e *não* a encontrou nas implicações dos textos de Paulo: "A maioria, se não todos, dos princípios básicos relativos ao indivíduo como sujeito a uma autoridade superior estão contidos na Bíblia, notadamente nas cartas paulinas".[253] Por exemplo, a transição de súdito para cidadão, de obedecer leis que lhe foram impostas a seguir regras sobre as quais o indivíduo tinha alguma influência, não é uma implicação óbvia das cartas de Paulo aos romanos, que defendem que toda autoridade terrena é ordenada por Deus. Na opinião de Paulo, o poder dos reis não vem do consentimento do povo, mas de Deus:

> O rei recebia seus poderes como uma concessão da divindade. Não há poder que não seja o de Deus – e só o que ele recebia através da graça divina sob a forma de poder público poderia conceder a seus súditos. Como súditos, os indivíduos não tinham direitos na esfera pública. O pouco que tinham era por graça do rei.[254]

Ullman focou sua atenção não nas *teorias de governo,* que eram compartilhadas por alguns membros da classe alta, mas *nas práticas e nos arranjos institucionais operacionais reais* pelos quais a maioria das pessoas orientava sua vida. Após o colapso do Império Romano, as ordens políticas europeias se fragmentaram, e a força militar precisou ser reorganizada para combater saques e invasões. Seguindo a retirada das legiões romanas (ou sua substituição por mercenários germânicos) e a grande vulnerabilidade à invasão do norte (noruegueses), do sul ("sarracenos") e do Oriente (avares e magiares), a velha ordem estava condenada. A descentralização militar foi seguida pela descentralização política e jurídica.[255]

As instituições que emergiram para resolver problemas de coordenação social (incluindo defesa contra agressão) ajudaram a pavimentar o caminho para o individualismo liberal e a modernidade.

> Para entender por que e como o indivíduo do século XIII em diante se tornou um cidadão completo parece válido analisar duas facetas práticas da sociedade medieval: por um lado, a maneira pela qual quem vivia longe dos olhos dos governos oficiais conduzia seus próprios assuntos; e, por outro, a forma feudal de governo praticada em toda Europa.[256]

Ullman identificou que essas facetas da sociedade medieval envolviam questões de prática e tentativa e erro, em vez de especulação teórica. A mera história intelectual desligada do surgimento da prática é incapaz de explicar o que ocorreu, pois sem considerar as práticas legais dos povos "seria quase impossível explicar por que houve uma mudança tão radical ao final do século XIII, que, de muitas formas, deu origem ao período que gostamos de chamar de moderno".[257] O colapso do poder real gerado pelo sistema de contrato político conhecido como "feudalismo"[258] bem como a emergência de uma miríade de sistemas legais com jurisdições concorrentes ou sobrepostas[259] contribuíram para um espaço cada vez mais amplo para a ação individual, e com mais restrições ao poder dos governantes.

O crescimento das cidades foi especialmente importante – nelas floresceram as instituições-chave da "sociedade civil". A ordem jurídica das cidades, ou "burgos", focava na paz e liberdade. Henri Pirenne descreve assim os cidadãos ("burgueses"):

> Os burgueses eram essencialmente um grupo de 'homens de paz' (*homines pacis*). A paz da cidade (*pax villae*) era, ao mesmo tempo, a lei da cidade (*lex villae*).[260]

A cidade era um lugar de paz. Os cidadãos desfrutavam de liberdade, pelo menos em comparação aos camponeses que viviam no interior, fora de suas muralhas: "Assim como a civilização agrária havia feito do camponês um homem cujo estado normal era a servidão, o comércio fez do mercante um homem cuja condição natural era a liberdade".[261] Se você conseguisse adentrar uma cidade, ali permanecendo por um ano e um dia, tornava-se uma pessoa livre: "o ar da cidade o liberta" era uma característica marcante das cidades da Europa.[262]

A substituição de guerra e subjugação por comércio pacífico e relações contratuais correspondeu – na verdade, exigiu – a um aumento no autocontrole racional, especialmente a habilidade de ignorar ou controlar impulsos prejudiciais como a agressão, e a adiar a gratificação. Como Benjamin Constant notou: "Um homem que foi sempre o mais forte nunca conceberia a ideia do comércio. É a experiência – ao provar a ele que a guerra, o uso de sua força contra a força dos outros, o expõe a uma variedade de obstáculos e derrotas – que o faz aceitar o comércio, um meio mais brando e seguro de atrair o interesse dos outros com vistas a acordos que beneficiam a todos. A guerra é impulso; o comércio, razão".[263] A substituição gradual da guerra pelo comércio foi simultânea à substituição do impulso pela razão, de jogos de soma zero por jogos de soma positiva, do pensamento imediatista para o de longo prazo, e do poder pela responsabilidade e liberdade individuais.[264] A substituição gradual da violência e repressão foi facilitada pelo comércio.[265]

Segundo Siedentop, autoridade e ordem jurídica vinham de cima, conforme as teorias registradas nos livros sagrados. No entanto, o registro histórico sugere que as ordens jurídicas da modernidade se originaram de formas de associação criadas pela prática e tentativa e erro; em outras palavras, de baixo para cima. Nas palavras de Ullman:

> Ao longo da Idade Média, houve numerosas associações, sindicatos, fraternidades, guildas e comunidades que, de formas distintas, consideravam o indivíduo um membro pleno. Essas associações demonstravam o desejo de união desses indivíduos em grupos maiores: em parte por razões de autoproteção, em parte por razões de segurança mútua, e em parte por razões de busca de interesses comuns, elas garantiam ao indivíduo uma proteção que, de outra forma, ele não teria. As condições de trabalho nas olarias, forjas, fornalhas, minas etc. eram estabelecidas pela própria comunidade da vila. Em outras palavras, operava um "sistema" que exibe todas as características marcantes do bom governo e da lei justa, em que o poder original residia nos membros da comunidade, nos próprios indivíduos.[266]

Um elemento importante na descentralização do poder (militar, político e legal) foi a rivalidade entre a Igreja, o império e outras autoridades políticas. Ela abriu caminho para a concorrência que distinguiu a Europa ocidental de outros sistemas políticos das terras eurasianas de uma forma que os textos religiosos não conseguiram (ambas as igrejas latina e ortodoxa aceitaram as epístolas paulinas que Siedentop considera tão importantes). Harold Berman intitula a mudança de "revolução papal", e ela põe em marcha mudanças que ainda estão em andamento,[267] tais como a formulação da ideia de império da lei (o "estado de direito") e o "constitucionalismo". A Carta Magna, que não é digna de menção no livro de Siedentop, teve papel fundamental na história das nações que derivaram suas instituições políticas do direito britânico; ela própria foi muito influenciada pela revolução papal.[268] Isso gera um problema similar ao encontrado na análise de Siedentop. Focar exclusivamente na Carta Magna revela o perigo de um tipo diferente de essencialismo, que afirma que "apenas os britânicos" entendem de liberdade, já que a Carta Magna, alguns afirmam, era única.[269] Mas, por maior que seja sua importância, ela não é o único contrato de liberdades: foi parte importante de um movimento que foi europeu em essência, mas não unicamente britânico.[270] Poderíamos mencionar seus muitos antecessores, incluindo a "Carta das Liberdades" promulgada no ano 1100 por Henrique I, que fez várias concessões aos barões e cavaleiros ingleses;[271] os Assizes de Ariano, promulgados em 1140 pelo rei Rogério II da Sicília;[272] e, pouco depois de 1215, o Touro Dourado da Hungria de 1222, assinado pelo rei André, que instituiu um longo período de constitucionalismo na Europa central;[273] as Constituições de Melfi promulgadas pelo imperador Frederico II em 1231;[274] e diversas outras. Até mesmo os termos importantes relativos à "lei da terra" e "julgamento por pares", que reapareceram depois na Constituição Americana, vieram antes da Carta Magna. A constituição aprovada pelo Imperador Conrado II em 1037, por exemplo, declarava que nenhum vassalo deveria ser privado de um feudo imperial ou eclesial "exceto de acordo com a lei de seus antecessores e o julgamento de seus pares".[275]

A lei não foi apenas importante por limitar o poder arbitrário (vide as restrições previstas nos itens recém-listados), mas por facilitar o declínio da hierarquia e o surgimento de uma ordem social mais fluida, isto é, a sociedade civil. Para termos uma sociedade liberal não basta reconhecer a individualidade em si, nem mesmo ter sistemas previsíveis de leis, embora ambos sejam condições necessárias. Uma terceira condição é que mesmo os mais pobres e humildes possam "perseguir seus próprios interesses a sua maneira, num plano liberal de igualdade, liberdade e justiça", como Adam Smith afirmou ao contrastar a abordagem liberal com os "privilégios exorbitantes" e "restrições extraordinárias" do "sistema mercantil".[276] O plano liberal de igualdade, liberdade e justiça tinha que substituir os privilégios e restrições extraordinários para tornar possível o mundo moderno e o "enorme enriquecimento" e liberdade pessoal que ele possibilitou. Como Deirdre McCloskey aponta: "Uma sociedade pode ser individualista de uma forma completa, mas ainda honrar apenas os nobres, não permitindo que pessoas comuns tenham acesso a teares mecânicos ou computadores".[277]

Não estava predestinado que o individualismo liberal surgiria entre os cristãos (e judeus) europeus, tampouco as ideias de Paulo (ou "intuições cristãs") foram suficientes para germinar a semente do individualismo liberal nos países dominados pela fé ortodoxa. Para identificar os processos que deram origem ao individualismo liberal é necessário identificar quem poderia tê-lo produzido em outro lugar. Devemos lembrar que as ideias não têm de ser criadas ou cultivadas independentemente por cada pessoa ou grupo para que sejam compartilhadas pela comunidade; uma vez produzidas, elas podem ser transmitidas em poemas, músicas e livros, através da arte e ciência, em blogs e redes sociais, e podem ser compreendidas, adotadas ou seguidas por pessoas cujos próprios ancestrais não as produziram. No caso dos princípios morais, legais e políticos do liberalismo, isso é especialmente óbvio. Refugiados de tiranias costumam adotar as normas das sociedades mais livres onde se refugiam, incluindo a expectativa de respeito por seus direitos e a disposição a respeitar os direitos dos outros, mesmo que não costumassem fazê-lo em sua terra natal.

Uma vez aprendidos e adotados, princípios e ideias podem ser esquecidos; sua transmissão pode dar um pouco de trabalho. Hábitos e práticas geralmente exigem repetição para serem registradas e transmitidas às gerações seguintes. Pelo menos algumas das condições que possibilitaram o liberalismo podem ser necessárias para mantê-lo, assim como, por exemplo, a saída livre de ordens políticas e legais, além da concorrência entre autoridades políticas e legais na atração de contribuintes e capital. (Assim, o federalismo, quando combinado com liberdade de movimento de pessoas e bens, é recomendável aos liberais clássicos como uma estrutura política com maiores chances de manter a liberdade.) Da mesma forma que algumas ciências exigem experimentos de laboratório, alguns princípios morais, legais e políticos exigem, para sua manutenção, manifestações contínuas das condições institucionais que possibilitaram seu surgimento.

CONCLUSÃO

Autocontrole, liberdade individual e limites ao poder estatal têm suas histórias particulares interligadas, mas, como outros conceitos e práticas, isso não impede sua aplicação universal. A história do autocontrole envolve associação voluntária crescente em direção à liberdade, um processo pelo qual os indivíduos garantiram sua liberdade e respeito por suas próprias escolhas ao criar relações entre si governadas por regras. Como Antony Black comenta sobre guildas e comunas da Europa:

> O ponto central sobre guildas e comunas foi que, nelas, a individuação e a associação caminhavam de mãos dadas. Era possível alcançar a liberdade pertencendo a esse tipo de grupo. Cidadãos, mercadores e artesãos perseguiam seus próprios objetivos individuais unidos por juramento.[278]

A sociedade não é uma entidade separada de seus membros; não é uma pessoa como as pessoas que a constituem, ou mesmo um grande ser cujos membros são como "membros" – mãos, pés, rins, cabeça – de um corpo humano. Grupos, associações, igrejas, clubes, sociedades e governos são compostos de indivíduos e suas relações complexas e multifacetadas. Não existe indivíduo totalmente não relacionado com quaisquer outros que se una a outros indivíduos de mesma postura para formar a sociedade humana. Dentro do contexto de suas relações herdadas, os humanos formam diversas associações, conexões e relações. Quanto mais complexa a ordem social, maior a necessidade de autocontrole entre seus membros.

O direito ao autocontrole não se limita apenas aos herdeiros de uma ou outra tribo ou cultura, ou aos praticantes de uma ou outra religião, ou aos falantes de uma ou outra língua. É um direito de todos os seres humanos como tais, independentemente de religião, cor, idioma, nacionalidade etc. Através dele, podemos escolher viver nossas vidas como preferirmos em associação com os outros, em comunidades de nossa escolha. Alguns exercem seu autocontrole para viver em comunidades voluntárias altamente estruturadas (monastérios e conventos são exemplos óbvios), outros em vizinhanças urbanas fluidas; alguns gostam de viver em comunidades estáveis e tradicionais, enquanto outros preferem vagar pelo mundo e experimentar diversas formas de vida. Pessoas livres e no controle de suas vidas fazem tais escolhas de maneira independente. Elas não são comandadas pelos outros. Um indivíduo independente não é nem atomista nem anômico, mas cria ou aceita relações com base na escolha e no acordo voluntário.

O historiador do direito Sir Henry Sumner Maine descreveu bem "o movimento das sociedades progressistas" como "um movimento do status para o contrato".[279] Criar contratos, em vez de apenas aceitar o que lhe é atribuído no nascimento, significa adquirir o hábito do autocontrole. O filósofo Robert Nozick chamou isso de uma "estrutura para a utopia": não uma utopia perfeita e feliz, mas uma estrutura de opções dentro da qual as pessoas podem escolher seus arranjos preferidos.[280] Ela não é perfeita, mas é muito superior para a grande maioria das pessoas do que estar sujeito a controles impostos pelos outros que, em geral, não são mais sábios, inteligentes, morais ou mais bem informados sobre as situações de vida daqueles que buscam controlar.

Indivíduos com autocontrole perseguem a felicidade ao usar seu próprio conhecimento para alcançar seus próprios fins. Aqueles que perseguem a felicidade podem nem sempre alcançá-la, mas quando alguém a alcança, é *sua* realização. Algo que escravos, servos, subordinados, súditos e outros submetidos à vontade coerciva dos outros não podem dizer.

10
REFLEXÃO FILOSÓFICA SOBRE A LIBERDADE E A RESPONSABILIDADE

Por Tom G. Palmer

"Liberdade não significa apenas que o indivíduo tem tanto a opção como o peso da escolha; significa que deve arcar com as consequências de suas ações, sendo elogiado ou criticado por elas. Liberdade e responsabilidade são inseparáveis." [281]

– F. A. Hayek

PELO QUE SOU RESPONSÁVEL? PODE HAVER LIBERDADE SEM *responsabilidade ou responsabilidade sem liberdade? Como a liberdade de escolha é possível em um mundo governado pela causalidade? Que tipo de eu é livre e responsável – um eu individual ou um eu coletivo? Muitos filósofos buscaram entender a relação entre liberdade e responsabilidade – de Aristóteles a Immanuel Kant, passando por Martin Heidegger, Harry Frankfurt e Daniel Dennett. Suas contribuições e a de outros são examinadas na busca por uma filosofia de liberdade coerente.*

O debate sobre o autocontrole tem uma longa história, e muitas questões complexas têm desafiado pensadores por milênios, incluindo a definição do eu e a natureza da liberdade; se a liberdade é uma condição suficiente ou necessária para a responsabilidade (e vice-versa); se ambas são realmente possíveis em um mundo governado por leis científicas ou a vontade de Deus; e, não menos importante, como um conjunto de princípios cuja história é tão distinta pode ser universalmente verdadeiro ou válido. Neste pequeno ensaio, não pretendo abordar todos esses temas, porém discuto alguns deles por sua relevância para a escolha entre controle estatal e autocontrole. Espero sinceramente que sejam retomados no futuro, gerando novos *insights* acerca da relação entre liberdade e responsabilidade individuais.

A alternativa ao autocontrole é ser controlado pelos outros. Por "controle", não me refiro a persuasão ou exemplo, que podem ambos vir de amigos e familiares, ou fundamentação e inspiração moral, que podem vir de filosofias ou religiões, mas sim ao uso da força para se sobrepor às escolhas individuais.[282] No passado, aqueles que usavam a força para controlar os outros eram quase sempre senhores de escravos, chefes tribais e senhores de guerra. Na era moderna, entretanto, a principal alternativa ao autocontrole é o controle "estatal" ou governamental, como os norte-americanos costumam dizer. Enfrentamos uma escolha entre autocontrole ou controle estatal.

O "eu" usado na linguagem popular é sinônimo de "Eu" – quando falamos em primeira pessoa, dizemos "Eu", não importando se o agente da fala é você, eu, ou qualquer outro indivíduo. Cada um de nós, embora tenha coisas em comum, tem uma identidade única.

Através da ficção, podemos imaginar o mundo de forma diferente. Diversas obras exploram um mundo em que Estados movidos pelo coletivismo tentam erradicar a individualidade. O romance *Nós*, de Yevgeny Zamyatin, foi publicado pela primeira vez em inglês em 1924 (ele foi escrito em russo, porém foi proibido na URSS). Nele, o matemático D-503 reflete sobre sua vida em um mundo onde os indivíduos são reduzidos a números. O slogan do Estado Único é "Viva o Estado Único! Vivam os números! Viva o Benfeitor!".[283] Em 1937, a imigrante russo-americana Ayn Rand teorizou um cenário coletivista ainda mais radical em que o pronome "eu" tinha sido abolido. No romance *Cântico*, Rand dramatiza a redescoberta da individualidade em um mundo governado por um Estado dedicado a uma simples crença:

> Somos um por todos e todos por um.
> Não há homens exceto o grandioso NÓS.
> Uno, indivisível e eterno.[284]

No romance, todo o mundo se refere a si próprio como "Nós", pois o pronome "Eu" é desconhecido. Na reviravolta mais importante da história, os personagens principais descobrem seu amor um pelo outro.

> Hoje, Excelente pararam de repente e disseram:
> — Amamos vocês.
> Depois disso, franziram as sobrancelhas, balançaram a cabeça e olharam para nós vulneravelmente:
> — Não — sussurraram —, não é isso que pretendíamos dizer.
> Fizeram silêncio, depois falaram lentamente, e suas palavras eram hesitantes como a fala de uma criança que aprende a falar pela primeira vez:
> — Nós sozinhas. Sozinhas. Apenas nós. Amamos unicamente vocês. Sozinhos. E apenas vocês.[285]

Os romances de George Orwell mostraram a incoerência de tentar abolir o "eu", e que isso levava, inevitavelmente, não a um tipo de igualitarismo coletivista harmonioso, mas a uma opressão brutal por pequenos grupos de pessoas. Em *A Revolução dos Bichos* (1945), Orwell mostrou como a tentativa de suprimir a individualidade levava apenas a outra forma de dominação da maioria pela minoria, à medida que os "sete mandamentos" da revolução, incluindo "todos os animais são iguais", foram resumidos com mais precisão como "todos os animais são iguais, mas alguns são mais iguais que os outros". Em *1984* (escrito em 1948 e originalmente intitulado "O último homem na Europa"), Orwell expôs de forma criativa os esforços colossais e infindáveis necessários para esmagar o espírito humano sob um sistema de "coletivismo oligárquico" (oficialmente chamado de "obliteração da identidade" em um dos três Estados coletivistas concorrentes, mas no fundo, idênticos). É possível matar, oprimir, aprisionar e aleijar psicologicamente milhões ou bilhões de pessoas, porém é impossível suprimir a realidade do eu individual.[286]

O indivíduo é real e não pode ser erradicado. O Estado, por outro lado, é uma abstração, e não uma pessoa materialmente individuada como você e eu. O Estado é "real", mas não "material". "Estado" é o termo que define "a comunidade humana dentro de certo território, que (com sucesso) reivindica o monopólio do uso legítimo da violência. Esse território é uma das características que definem o Estado", conforme a definição canônica do sociólogo Max Weber.[287] Entidades estatais são formadas por indivíduos que exercem o poder através da violência *e* das relações complexas entre eles e os outros. Ocorre que, quando o Estado decide por nós, o grande irmão a quem nos referimos como "Nós" acaba não decidindo "em nosso nome". Em vez disso, alguns – os mais manipuladores, articulados, poderosos, ricos, numerosos ou intimidadores – decidem pelos demais. Sempre foi assim. Nos regimes políticos contemporâneos, aqueles que decidem costumam insistir que eram os outros – sobre os quais impuseram suas decisões – que, de fato, as estavam tomando. É um mito – na melhor das hipóteses, uma das "mentiras nobres" de Platão – que serve para manter as pessoas na linha.

Uma pessoa livre faz suas próprias escolhas e controla sua própria vida; a vida de uma pessoa não livre é controlada pelos outros. Uma pessoa livre se responsabiliza por suas ações; uma pessoa não livre, não. Se quisermos ser livres, não basta apenas exigir liberdade: devemos também assumir a responsabilidade por nossas vidas e ações. Para sermos íntegros e morais, precisamos abraçar a liberdade para fazer nossas próprias escolhas, assumindo o bônus ou o ônus – isto é, a responsabilidade – por elas.

NÍVEIS DE LIBERDADE E RESPONSABILIDADE

A relação entre liberdade e responsabilidade se manifesta em diversos níveis, do mais abstrato e metafísico ao mais prático e cotidiano. Somos seres livres, e não meros objetos materiais, porque podemos ser responsabilizados por nossos atos. Nossas ações nos distinguem como indivíduos, e por elas somos responsáveis. Sermos responsáveis por nossas ações e livres para escolher por nós mesmos incentiva a cooperação, a coordenação e a harmonia na sociedade. Sem isso, a ordem social é perturbada, e conflitos tomam o lugar da harmonia. Quando aqueles – especialmente, mas não exclusivamente, organizados como "o Estado" – forçam terceiros a fazer A e não B, a responsabilidade pela ação ou omissão é transferida para os que usaram a força. Se seu dinheiro é transferido para outra pessoa após ter sido extorquido via tributos, você não está sendo "generoso". Se você se abstém de um possível "vício" só por temer ser preso pelo esquadrão do vício e aprisionamento, você não está sendo virtuoso. Se você faz algo perigoso porque foi drogado sem consentir, você não é responsável pelo dano que causou sob influência da droga.

O sinal da moralidade, segundo um pensador influente, é elogio ou culpa. A linguagem de Aristóteles pode ser densa, mas vale a pena citá-lo:

> Está claro que todos os atos dos quais o homem é o princípio e o controlador podem acontecer ou não acontecer, e que seu acontecer ou não acontecer – aqueles pelo menos de cuja existência ou não existência ele tem controle – dependem dele. Mas daquilo que depende de ele fazer ou não fazer, ele é em si mesmo a causa; e do que ele é a causa depende dele. E como excelência e maldade e atos que emanam dele são respectivamente elogiados ou culpados – pois não elogiamos ou culpamos pelo que é devido à necessidade, ou acaso, ou natureza, mas o que nós mesmos causamos; pois pelo que o outro

é a causa, ele deve ser elogiado ou culpado – é claro que excelência e maldade têm a ver com questões das quais o próprio homem é a causa e fonte de seus atos. Devemos então ter certeza de quais ações ele é fonte e causa. Agora, devemos admitir que, dos atos que são voluntários e feitos pela escolha de cada homem, ele é a causa, mas de atos involuntários ele não o é. Tudo que ele faz por escolha claramente o faz voluntariamente. Fica claro, então, que excelência e maldade têm a ver com atos voluntários.[288]

Quando escolhas voluntárias são suprimidas pela força, nem a excelência nem a maldade do resultado podem ser moralmente atribuídas ao alvo da força. Você não é totalmente responsável pelo que foi forçado a fazer. Se quisermos receber crédito ou culpa, precisamos ser capazes de escolher.[289]

PODE EXISTIR RESPONSABILIDADE MORAL SEM LIBERDADE?

Muitos pensadores testaram a definição de responsabilidade de Aristóteles. Alguns sugerem que nada é verdadeiramente voluntário; outros, que existem casos particulares em que podemos ser responsabilizados por escolhas, mesmo sem sermos capazes de mudar o resultado. Alguns desses desafios levantam questões interessantes para lógicos, e provocam nossas intuições ao propor casos estranhos, bizarros ou marginais, porém nenhum deles desvincula liberdade e responsabilidade adequadamente.

Aristóteles notou que, embora possamos investigar muitas coisas, podemos apenas *deliberar* sobre aquelas que "estão em nosso poder e podem ser feitas"[290], isto é, só deliberamos e fazemos escolhas sobre o que, na linguagem popular, "depende de nós". Um crítico especialmente influente negou que algo "depender de nós" seja uma condição necessária para a responsabilidade moral, mas considerar essa objeção pode nos ajudar a entender a responsabilidade moral e a liberdade. Harry Frankfurt rejeita o critério de responsabilidade moral segundo o qual "uma pessoa só é moralmente responsável pelo que faz caso pudesse ter agido de outra forma"; ele chama sua posição de "princípio das possibilidades alternativas".[291]

Frankfurt argumenta: "Uma pessoa pode bem ser moralmente responsável pelo que fez, mesmo que não pudesse ter agido de outra forma".[292] Ele teoriza o problema de um cidadão hipotético, Jones:

> Por algum motivo pessoal, Jones decide fazer algo. Então, sob ameaça de uma punição severa (tão severa que qualquer pessoa razoável cederia), ele deve fazer exatamente o que decidira fazer, e Jones faz. Jones é moralmente responsável pelo que fez? Creio que dependerá do peso que sua decisão original e a ameaça tiveram sobre a ação em si.[293]

Se Jones "agiu com base em sua própria decisão, e não por causa da ameaça ... penso que teríamos justificativa em considerar sua responsabilidade moral pelo que fez como independente da ameaça, mesmo que, de qualquer forma, ele fosse se submeter a ela, não tendo como evitar fazer o que fez".[294] Para Frankfurt, então, a ação "depender de nós" é irrelevante para a responsabilização.

O problema central da análise de Frankfurt é que ela desloca o ponto em que alguém "poderia ter agido de outra forma"[295] para além dos próprios limites arbitrários de seu problema. Examinemos dois casos:

A) Em t1, Carlos decidiu roubar US$ 10 (e foi, então, ameaçado de morte por um criminoso caso não roubasse US$ 10, isto é, Carlos não poderia ter agido de outra forma, senão roubando US$ 10). Em t2, Carlos rouba US$ 10; Carlos é responsabilizado pelo roubo.

B) Em t1, Maria decidiu *não* roubar US$ 10 (e foi, então, ameaçada de morte por um criminoso caso não roubasse US$ 10, isto é, Maria não poderia ter agido de outra forma, senão roubando US$ 10). Em t2, Maria rouba US$ 10; Maria não é responsabilizada pelo roubo.

Nesses casos, Frankfurt reconhece um problema prático óbvio: o de que pode ser muito difícil descobrir o que motivou uma pessoa a agir (por exemplo, uma decisão não documentada de roubar US$ 10 ou a vontade de evitar ser morto).[296] Apesar disso, Frankfurt não nega a responsabilidade moral: no máximo, sugere que "depender de nós" – isto é, de agirmos livremente – não é uma condição necessária para a responsabilização moral. Ele concluiu: "Quando um fato é irrelevante para o problema da responsabilização de uma pessoa por sua ação, parece relativamente infundado atribuir a ele qualquer valor na análise da sua responsabilidade moral. Por que deveria ser considerado no julgamento moral se não ajuda de forma alguma a entender o que a fez agir como agiu ou de que forma poderia ter agido em outras circunstâncias?"[297]

Mas, supondo que essas atribuições de responsabilidade estejam corretas (Carlos é responsável, e Maria não é), seja lá o que distinga os casos A e B (e deve haver *algum* fator que nos levaria a conclusões diferentes), tudo dependerá da existência de algum ponto anterior em que Carlos ou Maria poderiam ter "agido de outra forma". Deve haver algo que Carlos "pudesse ter feito" que permitisse a ele junto com Maria evitar a responsabilidade moral, e seguir esse curso alternativo de ação teria significado agir de forma diferente. Ele poderia ter decidido (em t1) *não* roubar US$ 10 antes de a ameaça ser feita, e neste caso, se tivesse agido de outra forma, não teria sido responsabilizado pelo roubo (em t2). Não obstante, como Aristóteles e uma longa tradição defendem, a responsabilidade moral de Carlos se manteria, já que o ato dependia dele.[298]

Intenções são elementos fundamentais para a atribuição de responsabilidade moral por ações, mas Frankfurt levanta outra objeção ao entendimento comum da relação entre liberdade e responsabilidade. Ele distingue entre (i) desejos como entendidos pelo senso comum (por exemplo, "desejo comer uma maçã") e (ii) "desejos de segunda ordem" ou "desejos secundários", por exemplo, o de "ter (ou não ter) certos desejos ou motivos".[299] Frankfurt argumenta contra o senso comum no tocante à responsabilidade moral ao afirmar que "é mentira que uma pessoa é moralmente responsável pelo que fez se apenas o fez por vontade própria. Ela pode ser moralmente responsável mesmo se tiver feito contra a sua vontade".[300] Segundo ele, é assim porque:

A vontade de uma pessoa só é livre se ela for livre para ter os desejos que quiser. Isso significa que, com relação a quaisquer desejos de primeira ordem, ela é livre para tornar esse desejo sua vontade, ou tornar qualquer outro. Seja qual for, então, a vontade da pessoa cuja vontade é livre poderia ter sido diferente; ela poderia ter agido de outra forma na própria escolha de sua vontade. Como "alguém poderia ter agido de outra forma" é uma questão controversa que deve ser entendida em contextos como este. Mas, embora essa questão seja importante para uma teoria de liberdade, não tem influência sobre uma teoria de responsabilidade moral. Pois a alegação de que uma pessoa é moralmente responsável pelo que faz não implica que ela agiu conforme sua vontade.[301]

Frankfurt não busca diretamente enfraquecer a responsabilidade moral, apenas desconectá-la da liberdade. Ele afirma que "é irrelevante, ao avaliar a responsabilidade moral, questionar se as alternativas não escolhidas estavam realmente disponíveis",[302] corroborando sua rejeição ao "princípio das possibilidades alternativas" como critério de responsabilidade moral. A jogada de Frankfurt, copiada por tantos outros, pode ser exemplificada: digamos que um fumante que fuma, mas que desejaria não fumar, *não* está escolhendo livremente quando escolhe fumar. Frankfurt não nega a responsabilidade moral do fumante, mas nega a liberdade exercida por ele quando escolhe fumar. Outros utilizaram essa abordagem para enfraquecer tanto a liberdade de quem escolhe como a responsabilidade moral por essas escolhas, abrindo caminho para "Estados babás" intervencionistas. Separar liberdade e responsabilidade enfraquece ambas. Se não existe responsabilidade moral, por que a liberdade de escolha deveria ser importante (e, assim, protegida por lei)? E se não existe liberdade de escolha, por que a preocupação em atribuir responsabilidade moral? Não é óbvio que a presença de um desejo não querido torne a vontade não livre. Pessoas escolhem regularmente ignorar desejos não queridos; o fato de algumas escolhas serem mais difíceis do que outras não reduz ou aumenta, por si só, a liberdade exercida ao escolher segui-las ou ignorá-las.

LIBERDADE E RESPONSABILIDADE NA SOCIEDADE

Liberdade e responsabilidade são inevitáveis em um mundo em que reconhecemos as pessoas como outros "eu(s)" e não como máquinas ou pedaços de carne. Elas não são meros objetos: interagem conosco de diversas formas. Vê-las como outros "eu(s)" implica vê-las como seres iguais a nós, capazes de se responsabilizar – e serem responsabilizadas – por seus atos.

É inevitável vê-las como agentes, dentro da perspectiva que P. F. Strawson chama de atitude "participativa", em contraste com uma atitude "objetiva".[303] Ver outros agentes pela atitude participativa envolve sentimentos como "gratidão, ressentimento, perdão, amor e respeito".[304] Por seu lado, pela atitude objetiva implica vê-los "como algo digno de atenção, talvez até por precaução", porém sem "gratidão, ressentimento, perdão, raiva ou o tipo de amor que, às vezes, dois adultos dizem sentir de forma recíproca".[305] Podemos ter ambas com as mesmas pessoas; no entanto, a atitude objetiva não se sustenta, e equivale a uma aberração ou postergação da atitude participativa:

> Penso que o empenho humano em participar de relações interpessoais corriqueiras é muito radical e profundamente arraigado em nós para que levemos a sério a ideia de que uma convicção teórica geral pode mudar o nosso mundo a ponto de não haver mais relações interpessoais como normalmente as entendemos; e estar envolvido em relações interpessoais corriqueiras é precisamente estar exposto à gama de atitudes e sentimentos reativos que estão em jogo.[306]

O ponto de Strawson é que, não importa quais teorias defendamos sobre liberdade ou determinismo, em circunstâncias normais, se alguém me socasse o nariz, eu ressentiria tal gesto, e esperaria que o agressor fosse responsabilizado. A menos, é claro, que existisse algum fator atenuante: talvez ele estivesse sofrendo de um tumor no cérebro que o impedia de julgar ou controlar seus impulsos; ou sendo ameaçado com uma terrível punição caso não o fizesse; ou sendo manipulado forçosamente por outro alguém. Nos últimos dois casos, ressentiria a pessoa que o ameaçara ou manipulara. Na ausência de fatores atenuantes, nós *responsabilizamos* as pessoas por seu comportamento; *avaliamos* as ações dos outros ao refletir se poderiam ter agido de outra forma. Nossas ações e suas consequências podem, pelo menos em circunstâncias normais, ser rastreadas até nós. Mesmo o behaviorista mais convicto provavelmente não responderia a um insulto ou ataque de outro alguém da mesma forma que responderia a uma infecção bacteriana ou ao tropeço em uma pedra que não viu pelo caminho.

Independentemente das complexidades que a responsabilidade moral e jurídica possa admitir, o fato é que interagir com outros seres humanos significa quase sempre reconhecer que eles podem ser responsabilizados por seus atos quando livres para agir de outra forma.[307] Se alguém afirmasse o contrário, possivelmente com base em uma teoria filosófica idiossincrática, deveria ser convidado a imaginar sua reação caso outro ser humano lenta e deliberadamente pisasse em sua mão com um sapato com tachas; parece impossível evitar o ressentimento – é uma reação natural –, e isso implica responsabilizar o outro por seu ato. A presença de um desejo não querido de machucar o outro não reduziria a liberdade daquele que agride, nem o ressentimento de quem está sendo agredido.

EXISTE LIBERDADE EM UM MUNDO DE CAUSA E EFEITO?

Responsabilidade e liberdade são princípios que precisam de contexto. Nem tudo que envolve o corpo de cada um é de sua responsabilidade. Mesmo quando alguém *parece* estar agindo, e não só sendo forçado a tal, pode haver outras causas às quais atribuir responsabilidade. Por exemplo, um tumor no cérebro pode levar alguém a agir por impulso ou violentamente; e, tão logo removido, a pessoa volta a agir de forma pacífica. A ingestão acidental de uma droga pode levar a comportamento compulsivo, ou causar alucinações que podem, por exemplo, levar alguém a jogar pessoas da janela por pensar que elas conseguem "voar". Nesses casos, não consideramos a pessoa responsável por suas ações, mas, em vez disso, "culpamos" a causa identificável.[308]

Alguns sugerem que todo comportamento humano tem causas que podem, pelo menos em princípio, ser identificadas, e que a ciência moderna tem provado que a realidade – assim como nossas ações – é determinística, de modo que nunca poderíamos agir de outra forma, e muito menos ser livres.[309] E sem essa liberdade, então, como poderíamos ser responsabilizados por nossos próprios atos? Ademais, se não somos livres e responsáveis, por que tratar outras pessoas como se fossem seres morais, e não apenas como objetos a serem manipulados conforme desejarmos? Esse é um debate antigo, e provavelmente não trarei nenhuma perspectiva totalmente nova. Argumentarei, diferentemente do que muitos temem, que tal fato – mesmo se verdadeiro – pode ser irrelevante para as questões práticas de liberdade e responsabilidade nas interações humanas. Mesmo em um mundo totalmente determinista, liberdade e responsabilidade ainda caracterizariam a interação humana.

Muitos que debatem sobre o problema se inspiram na distinção de Kant entre a experiência, que é condicionada pela categoria da causalidade, e as coisas como são em si próprias, antes de serem compreendidas e classificadas em categorias. Entendido empiricamente (isto é, como parte de nossa experiência), tudo tem uma causa; mas entendido "transcendentalmente", ou seja, através da razão pura e, portanto, livre das categorias que estruturam a experiência, talvez algumas coisas possam ser entendidas como "sem causa": nossas escolhas, que procedem do livre-arbítrio, são as causas de nossos atos, mas não são em si causadas por nada que lhes anteceda. Segundo Kant, é nessa "ideia transcendental de liberdade que se baseia o conceito prático de liberdade".[310] A liberdade prática que desfrutamos como agentes morais se baseia no fato de que nossas escolhas morais causam nossas ações morais, mas não são em si próprias causadas por nada que percebemos. Seguir a razão é agir livremente. O problema imediato é que parece que apenas escolhas moralmente corretas são livres, uma posição também defendida por alguns teólogos. Todavia, se assim fosse, escolhas imorais não seriam feitas livremente e, portanto, não poderíamos ser responsabilizados por elas.[311] Na verdade, uma pessoa livre e responsável é responsabilizada por suas escolhas, sejam elas boas ou ruins, morais ou imorais. Se você pode apenas ser elogiado pelas escolhas certas, mas nunca culpado pelas erradas, "elogio e culpa" perdem seu sentido. Liberdade e responsabilidade estão ligadas não só pela liberdade de fazer escolhas certas e ser elogiado por elas, mas também de fazer escolhas erradas e ser culpado por elas. Como diz o filósofo Daniel Dennett: "A culpa é o preço que pagamos com prazer na maioria das vezes".[312]

Alguns negam totalmente o princípio de previsibilidade causal ou recorrem ao indeterminismo quântico para aliviar o receio de que um mundo determinístico invalidaria a liberdade e a responsabilidade moral. Em resumo, o problema dessa abordagem é que, se nossas escolhas são determinadas aleatoriamente, como poderíamos ser responsabilizados por elas?

Talvez alguém tenha uma abordagem original e revolucionária ao debate livre-arbítrio *versus* determinismo e, se for o caso, é bem-vindo a apresentá-la. Uma posição mais modesta, porém ainda válida, é reconhecer que a ciência depende da busca por causas e que, de fato, em alguns casos, podemos identificar causas físicas (tumores no cérebro e interações narcóticas, por exemplo), com base nas quais não devemos responsabilizar pessoas por suas ações (porque não foram escolhidas por elas, afinal). Mas essa constatação não deveria enfraquecer nossa crença geral na liberdade e responsabilidade individuais de escolha. Podemos viver em um universo determinista, e o estado desse universo inclui os estados de nossos cérebros, mas por si só isso não deveria enfraquecer nossa liberdade ou responsabilidade. Pode haver nesse instante apenas um futuro fisicamente possível, mas isso não significa que os estados passados do mundo foram condições necessárias para o presente ou o futuro.[313]

Mais relevante para a discussão é o fato de que podemos perguntar "por quê?" a nós mesmos e outros seres humanos: "Por que você fez X e não Y?". Podemos também oferecer respostas que envolvem escolhas que fizemos e poderiam ter sido diferentes. Seres humanos (e talvez outros agentes morais, se existirem) se distinguem por sua habilidade de prestar contas do que fazem. Isso nos separa das máquinas, que "fazem" coisas se manipuladas corretamente, e mesmo de outros animais, que podem responder a estímulos, porém não conseguem explicar uns aos outros ou para nós por que se comportam assim.[314]

Diferente das máquinas ou mesmo de outros animais, os humanos nem sempre precisam de treinamento para aprender a fazer coisas, menos ainda de condicionamento por estímulos dolorosos ou prazerosos, como sugerem os behavioristas. Podemos falar, isto é, debater entre nós como fazer as coisas. Como observa Daniel Dennett:

> Nós, seres humanos, podemos fazer coisas não apenas quando solicitados a fazê-las; podemos responder sobre o que estamos fazendo e por quê. Podemos pedir e dar razões etc.[315]

O discurso – *logos* – é fundamental para a liberdade humana. Aristóteles, em seu tratado *Política*, constatou:

> Assim, o homem é um animal cívico, mais social do que as abelhas e os outros animais que vivem juntos. A natureza, que nada faz em vão, concedeu apenas a ele o dom da palavra, que não devemos confundir com os sons da voz. Estes são apenas a expressão de sensações agradáveis ou desagradáveis, de que os outros animais são, como nós, capazes. A natureza deu-lhes um órgão limitado a este único efeito; nós, porém, temos a mais, senão o conhecimento desenvolvido, pelo menos o sentimento obscuro do bem e do mal, do útil e do nocivo, do justo e do injusto, objetos para a manifestação dos quais nos foi principalmente dado o órgão da fala. Este comércio da palavra é o laço de toda sociedade doméstica e civil.[316]

Os seres humanos têm uma capacidade evoluída que parece faltar às outras espécies evoluídas com quem temos contato e interagimos; podemos falar uns com os outros e apresentar razões, e isso basta para nos tornar responsáveis; podemos explicar por que fizemos algo e, também, se poderíamos ter feito outra coisa. Em resumo, quando explicamos nossas escolhas, reconhecemos que poderíamos ter agido de outra forma, ou seja, que nossa escolha "depende de nós". Mesmo em um mundo determinado por causas, ainda questionamos e prestamos conta de nosso comportamento. É por isso que os humanos foram capazes de transformar o mundo e a si próprios em um curto período de tempo. É por sermos livres e capazes de direcionar nossas ações para propósitos comuns que podemos viver juntos em grandes números, cooperar através da divisão do trabalho e responsabilizar cada um por seus atos.[317] Pedir e dar explicações sobre nosso comportamento é um ato fundamental de responsabilidade moral e é o alicerce inescapável da vida social. Criaturas incapazes de controlar seus impulsos ou justificar seu comportamento aos membros de sua espécie são incapazes de alcançar níveis consideráveis de coordenação social; a fala, que possibilita a liberdade e a responsabilidade, é um dos segredos evolucionários do sucesso humano.

As pessoas prosperam quando são livres e responsáveis. A consciência de responsabilidade é um impulso poderoso para a cooperação social. Da mesma forma, convencer as pessoas de que não são livres nem responsáveis reduz o comportamento cooperativo, tornando-as menos bem-sucedidas em sua vida. A psicologia experimental nos ajuda a entender por que um mundo onde as pessoas adotam liberdade e responsabilidade é muito melhor, mais cooperativo e social, mais honesto, menos violento e muito mais pacífico.[318]

A ideia de que alguém poderia ter agido de outra forma não equivale a dizer que o que ele faz é contrário às leis de causa e efeito que governam o universo. Quando garantimos nossa liberdade e responsabilidade e as dos outros, isso ocorre em um contexto moral e social, e não em um experimento de laboratório sobre interações físicas.[319]

Como nota o psicólogo empírico Roy Baumeister: "Talvez, ironicamente, o livre-arbítrio seja necessário para que as pessoas consigam seguir regras".[320]

RESPONSABILIDADE PARA COM OS OUTROS

É possível escrever extensamente sobre a relação entre liberdade e responsabilidade, e muitos escritores fizeram exatamente isso. O ponto alto de um conjunto complexo de argumentos filosóficos é um *insight* obtido há milhares de anos, em diversos idiomas e tradições.

> Tzu-kung perguntou: "Existe uma palavra que possa ser um guia de conduta durante toda a vida de alguém?".
> O Mestre [Confúcio] disse: "Talvez, a palavra *shu* 恕. Não imponha aos outros aquilo que você não deseja para si próprio."[321]

E também:

> Quando um pagão que desejava se tornar judeu lhe pediu que resumisse a religião judaica da forma mais concisa, Hillel disse: "O que é odioso a ti, não faze a teu irmão: essa é toda a lei, o resto é mero comentário." (Shab. 31a).[322]

Tanto Confúcio como Hillel estavam expressando o próprio fundamento da civilidade. Ele é às vezes chamado de "Regra de Prata", para distingui-lo da mais precisa "Regra de Ouro", expressada por Jesus de Nazaré em Mateus (7:12): "Tudo o que vocês desejam que os outros façam a vocês, façam vocês também a eles. Pois nisso consistem a Lei e os Profetas".[323] A Regra de Prata é menos exigente que a Regra de Ouro, porém uma condição *necessária* para que os homens possam viver juntos em paz.

Tratamos os homens de forma diferente das máquinas, em um contexto de reconhecimento mútuo. Agentes racionais compartilham não só uma natureza comum, como lagostas com outras lagostas, mas também possibilitam uns aos outros a apreensão do mundo como uma realidade objetiva, impossível pela interação com entidades inanimadas ou irracionais.

Interagimos com outros humanos reconhecendo neles agentes morais que, por exemplo, têm valores e podem se comportar estrategicamente. Nem mesmo os senhores tratavam os escravos como autômatos, como dizem que Descartes tratou um cão gritando de dor (enquanto o dissecava) à semelhança de uma máquina que precisa de óleo. O filósofo Edmund Husserl buscou, na quinta de suas *Meditações Cartesianas*, entender as relações humanas:

"Precisamos ver como, em quais intencionalidades, sínteses e 'motivações', o sentido do 'alter ego' forma-se em mim e, sob as diversas categorias de uma experiência concordante do outro, afirma-se e justifica-se como 'existente', e mesmo a sua maneira como estando presente ele mesmo."[324] Nossa "pista transcendental", ou pista do que torna possível essa apreciação, é que não vemos outras pessoas apenas como "coisas" no mundo, mas como outros agentes que também vivenciam o mundo:

> Por exemplo, percebo os outros – e os percebo como existentes realmente – nas séries de experiências a um só tempo variáveis e concordantes, e, de um lado, percebo-os como objetos do mundo, não como simples "coisas" da natureza, ainda que "também" o sejam de certa maneira. Os "outros" mostram-se igualmente na experiência como regendo psiquicamente os corpos fisiológicos que lhes pertencem. Ligados assim aos corpos de maneira singular, como "objetos psico-físicos", eles estão "no" mundo. Além disso, percebo-os ao mesmo tempo como sujeitos desse mesmo mundo: sujeitos que percebem o mundo – esse mesmo mundo que percebo – e que têm, dessa forma, a experiência de mim, como tenho a experiência do mundo e nele, dos "outros".[325]

Para os indivíduos, a identidade (ou similaridade) de um objeto é percebida apenas dentre uma variedade de visões e percepções distintas. A identidade de um objeto é a que permanece a mesma enquanto os preceitos mudam, e essa identidade não é apenas *outra* percepção ou impressão, como supunha David Hume (ele perdeu a esperança de encontrar a impressão da identidade de um objeto). Quando nos encontramos, vejo o seu rosto, e não suas costas; vejo suas costas quando você se vira. A identidade de sua cabeça não é uma daquelas impressões – não uma impressão entre muitas –, mas o polo de similaridade dentro das multitudes mutáveis das impressões. A identidade de um objeto pode apenas ser entendida através de um "movimento transcendental" da consciência, em que apreciamos a interação da similaridade e da diferença por meio da qual se percebe a identidade. A identidade de um objeto é o polo imanente "dele mesmo" dentro de uma multitude de percepções diferentes. Não posso alcançar algo como uma identidade até experimentá-la em duas ou mais "perspectivas" ou visões, e a identidade do objeto não é apenas outra impressão dentre essas visões.

A apreciação dos outros como "sujeitos desse mesmo mundo" tem implicações para cada ego, especialmente sobre sua capacidade de experimentar o próprio mundo. *Possibilitamos a experiência de objetividade uns para os outros.* Um indivíduo totalmente isolado, além de sofrer pela falta de cooperação humana (e, portanto, privação extrema), tampouco conseguiria experimentar a objetividade do mundo; por conta própria, atingiria a identidade dos objetos em suas diversas expressões, porém não do modo intersubjetivo possibilitado pela interação com outras mentes que também apreendem o mundo. Ele não teria acesso a visões e a perspectivas sobre o mundo que não fossem as suas, mas através das quais poderia atingir uma visão objetiva.

Assim como a identidade é alcançada apenas como um polo de similaridade dentro da multiplicidade de visões sobre um objeto, para atingir a objetividade do mundo é preciso apreciar a interação entre similaridade e alteridade possibilitada pela multiplicidade de percepções e apreciações, não apenas dentro de uma "subjetividade transcendental", mas dentro da "*intersubjetividade* transcendental", isto é, dentro da *comunidade* de egos existentes. Como Husserl destacou em seu ensaio *Phenomenology and Anthropology*:

> Ao longo desses estudos, uma distinção fundamental vem à tona, dentro da esfera transcendental de cognição do ego, entre o que pertence, por assim dizer, sua própria pessoa e aquilo que é alheio a ela. Como ego com significado existencial, entro em contato com meus pares, e, ao mesmo tempo, com o infinito domínio transcendental intersubjetivo. Nesta comunidade transcendental, constitui-se o mundo "objetivo", que é igual para todos.[326]

Essa comunidade de egos existentes "é uma conexão *essencialmente única*, uma comunidade real que precisamente torna transcendentalmente possível o ser de um mundo, um mundo de homens e coisas".[327]

O que importa para os nossos propósitos é que a necessidade de outros humanos para alcançar um mundo objetivo depende de compreender a importância de outros egos: "... implicitamente, *existe uma necessidade mútua pelo outro*, que resulta na *equalização objetivante* de minha existência com a de todos os demais – consequentemente: eu, como qualquer outro, homem entre outros homens".[328] Se percebo cada um não apenas como um objeto no mundo, mas como um "sujeito para esse mundo", e um companheiro necessário em minha própria realização do mundo como uma identidade e uma objetividade, percebo que cada pessoa tem uma *vida para levar*.[329] Embora alguém possa *querer* ou *preferir* que os outros se submetam a seu domínio, esses permanecem inevitavelmente fontes de autodireção, que podem ser responsabilizados por suas escolhas e afirmações. Existe uma "equalização objetivante" de minha existência com a de todos os demais seres racionais; cada qual tem uma vida para viver. Como o velho nivelador Richard Rumbold proclamou do cadafalso antes de sua execução em 1685:

> Estou certo de que nunca houve nenhum homem privilegiado por Deus, pois nenhum homem vem ao mundo com uma sela para ser cavalgado, nem com botas e esporas para cavalgá-lo.[330]

Essa frase foi repetida por Thomas Jefferson em sua última carta, recusando pesarosamente a oportunidade de celebrar o 50º aniversário da Independência dos Estados Unidos, em 4 de julho de 1826: "Todos os olhos estão abertos ou se abrindo para os direitos do homem. A propagação geral da luz da ciência já iluminou a verdade palpável: de que a massa da humanidade não nasceu com selas em suas costas, nem alguns poucos com botas e esporas para cavalgá-la legitimamente, com a bênção de Deus. Isso é motivo de esperança para todos. Para nós, que o retorno anual deste dia refresque nossa memória sobre esses direitos, bem como nossa devoção eterna a eles".[331] (Jefferson faleceu justamente naquele 50º aniversário.)

Cada pessoa é um ser autônomo, ou seja, autorregulado, capaz de escolher, agir da forma que quiser e ser responsabilizado por suas ações. O grande pioneiro dos direitos humanos Francisco de Vitoria baseou sua defesa dos povos indígenas das Américas no entendimento de que "uma pessoa é dona de suas próprias ações caso seja capaz de escolher entre um curso de ação ou outro".[332] É justamente essa habilidade que nos torna seres responsáveis. Nas palavras de Husserl, as pessoas "são percebidas como *fisicamente governando* seus respectivos organismos naturais".

Apesar de muitos problemas sutis e interessantes, a conclusão é simples: nós responsabilizamos uns aos outros porque reconhecemos agentes morais. A liberdade e a responsabilidade estão ligadas indissociavelmente com nossas interações sociais: elas podem até ser suprimidas, violadas ou negadas, mas sempre estarão presentes.

RESPONSABILIDADE POR RESULTADOS

Sem responsabilidade, a liberdade é, na melhor das hipóteses, fragmentada e instável. Sem liberdade, a responsabilidade não é encorajada nas pessoas. Liberdade e responsabilidade crescem e definham juntas.

Alguns argumentam que somos responsáveis não só por nossas vidas e escolhas, mas também pelos resultados sociais, isto é, pelas escolhas dos outros. Um defensor declarado da responsabilidade por resultados agregados é Robert Goodin, que argumenta que quaisquer alegações sobre o que os indivíduos deveriam fazer são irrelevantes para as decisões dos coletivos, bem como para os poderes que deveriam exercer sobre os indivíduos:

> Declarações sobre sua responsabilidade pessoal tratam, em primeiro lugar, do que *você* deveria fazer. Nada segue necessariamente dessas proposições sobre o que os outros deveriam fazer, caso você fracasse no que deveria ter feito. Às vezes, os outros deveriam forçá-lo a fazer; em outras, parece melhor para eles simplesmente fazer por você ou fazer outra coisa totalmente diferente do que você deveria ter feito; ainda outras vezes, preferem fazer algo que o colocará em uma posição melhor para fazer posteriormente. É simplesmente impossível extrair quaisquer conclusões automáticas das declarações sobre o que *você*

deveria fazer que digam, caso você fracasse, o que *nós* deveríamos fazer.[333]

Assim, o ponto é que não importa se os indivíduos deveriam ser responsáveis por suas próprias esferas de ação: "nós" somos responsáveis pelo comportamento dos outros, e pelo resultado agregado do comportamento de todos. De fato, Goodin insiste que nossa atenção excessiva a nossos próprios assuntos é a maior causa de injustiça: "Diante das restrições impostas pela escassez de recursos, o maior obstáculo prático para obter o máximo de justiça é, e sempre foi, a suposição de que cada um de nós deveria 'cultivar seu próprio jardim'. ... Com frequência, são nossas obrigações particulares que nos cegam para nossas responsabilidades sociais mais amplas. Seja qual for o direito que o mundo como um todo tem sobre nós, ele inevitavelmente vem depois das reivindicações de outros seres particulares: familiares, amigos, colegas, clientes, compatriotas etc".[334] A responsabilidade coletiva é o que importa, e não a responsabilidade individual, embora sejam os indivíduos que vão presos pelo Estado por desobedecer a lei, e não "nós" no sentido de um coletivo. (Quem seria preso e quem prenderia, no caso de uma responsabilidade coletiva autêntica? Os coletivistas veneram a ação coletiva, porém punem os indivíduos por desobedecer a suas ordens.)

Muitos pensadores e estudantes das relações sociais buscaram entender por que essa alegação coletiva de responsabilidade fracassa, mas poucos somaram substancialmente aos *insights* de Tomás de Aquino, que argumentou a favor de um sistema de direitos individuais e responsabilidades judiciáveis, citando três razões:

> A primeira é que cada um é mais solícito em administrar o que a si só lhe pertence do que o comum a todos ou a muitos. Porque, neste caso, cada qual, fugindo do trabalho, delega o que pertence ao bem comum, como se dá quando há muitos serviçais. Segundo, porque as coisas humanas são mais bem tratadas se cada um empregar os seus cuidados em administrar uma coisa determinada; pois, se cada qual administrasse indeterminadamente qualquer coisa, haveria confusão. Terceiro, porque um estado mais pacífico é garantido ao homem quando cada um está satisfeito com o que tem. Por isso,

vemos nascerem constantemente rixas quando não há divisão das coisas possuídas.[335]

Existe uma diferença crucial entre depender do apoio de seus amigos, familiares, associação ou comunidade e depender das decisões do "nós". Assim como as posses devem ser divididas ("propriedade estendida"), é preciso compartilhar responsabilidades, a fim de "internalizar" as "externalidades". David Schmidtz, com quem Goodin debateu em seu livro *Social Welfare and Individual Responsibility*, esclareceu que o progresso material "tem menos a ver com responsabilidade e mais a ver com responsabilidade internalizada",[336] isto é, que não perturbemos os outros. A responsabilidade pode ser internalizada individualmente (bagunço o quarto, devo arrumá-lo) ou através de quaisquer associações coletivas pelas quais se realizam objetivos comuns, sejam famílias, firmas, templos, grupos de escotismo ou outra forma de cooperação. Goodin expõe suas preocupações em termos de "assim que X ocorre", então, "nós" devemos fazer algo; Schmidtz expõe as suas em termos de como nós deveríamos esperar que fosse o comportamento das pessoas quando conhecem suas responsabilidades.[337]

Quando "nós" somos responsáveis por todos "nós", dilui-se a responsabilidade ao ponto em que é difícil saber quem entre "nós" merece crédito pelo sucesso ou culpa pelo fracasso. Além disso, criam-se oportunidades para o benefício de quem tem boas conexões políticas ou mais astúcia.[338] Atribuições coletivistas e estatistas de direitos e responsabilidades frequentemente abrem caminho para a corrupção. Esquivar-se de uma responsabilidade individual e voluntariamente assumida em nome de uma responsabilidade estatal ou coletiva normalmente não tem um final feliz.

LIBERDADE EMPÍRICA VERSUS LIBERDADE VERDADEIRA E AUTÊNTICA

Alguns identificam a submissão ao controle estatal como uma liberdade mais verdadeira ou autêntica. Às vezes, até opinam que a verdadeira liberdade não é a liberdade da pessoa que você experimenta ser, o vulgo "eu empírico", pois a verdadeira liberdade seria a realização do eu "real", "superior" ou "racional". Os defensores da ideologia de Karl Marx, por exemplo, insistem que seus críticos sofrem de uma "falsa consciência" que faz com que resistam às tentativas marxistas de "libertação". Outros acusam a liberdade individual de ser "inautêntica", ou até uma ameaça direta à "unidade" da nação, da classe, da raça, das massas, dos fiéis, do povo ou de algum outro coletivo.

Muitos dizem que a verdadeira liberdade implica fazer apenas o que *devemos* fazer; não o que, de fato, *escolhemos* fazer, mas o que a razão, a moralidade, a religião, a consciência de raça ou classe ou nossos superiores afirmam que deveríamos fazer. Argumentam que, quando nos desviamos desses padrões, não estamos agindo livremente. O padrão de liberdade para o filósofo Jean-Jacques Rousseau era o "bem comum", que é "sempre correto".[339] Portanto, "aquele que se recusar a obedecer à vontade geral a isto será constrangido por todo o corpo; o que significa apenas que será forçado a ser livre".[340]

Aqueles que acreditam em alguma variação dessa tese estão convencidos de que, quando as pessoas são sujeitas ao controle estatal (do tipo certo), estão efetivamente sendo libertadas – ou, nas palavras de Rousseau, sendo "forçadas a ser livres". Como Isaiah Berlin, um dos oponentes intelectuais mais importantes da ditadura no século passado, destacou:

> Assim que aceito essa visão, sinto-me apto a ignorar os desejos reais de homens e sociedades, enquanto ridicularizo, oprimo e torturo em nome de seus eus "reais", na certeza de que, qualquer que seja o verdadeiro objetivo do homem (felicidade, cumprimento do dever, sabedoria, justiça social, autorrealização), deve ser idêntico à sua liberdade – a livre escolha de seu eu "verdadeiro", embora frequentemente sufocado e desarticulado.[341]

Em geral, essa história não acaba bem. Constata-se tal fato não apenas em ditaduras assassinas de extrema "direita" ou "esquerda", mas também em formas coletivamente menos dramáticas (embora individualmente catastróficas) em sociedades mais livres. Várias formas de "paternalismo" político, leis de crimes sem vítima, esquadrões contra o vício, estatismo de bem-estar social, censura, alistamento militar e outras substituições do autocontrole pelo controle estatal geram consequências sistematicamente negativas: proibição de substâncias tóxicas ou alucinógenas gera violência, mercados clandestinos, crime organizado, mortes por overdose e contaminação e comportamento antissocial; Estados de bem-estar social tributam para oferecer (frequentemente de forma monopolística), através de meios políticos, o que poderia ser dado e escolhido de forma voluntária – como planos de aposentadoria, saúde, moradia, educação – e, no processo, induzem as pessoas a (i) reduzir suas economias, (ii) abandonar organizações voluntárias de ajuda mútua e (iii) prestar menos atenção à proteção de seu próprio bem-estar e o de sua família e comunidade; Estados babás suprimem tanto a liberdade pessoal como o desenvolvimento de bons hábitos; a censura "nos protege" de pensamentos ruins, impuros ou falsos, esmaga o pensamento crítico e a busca da verdade. Substituir o autocontrole pelo controle estatal raramente gera quaisquer dos benefícios propagados por seus entusiastas, e costuma gerar outras consequências não intencionais.[342]

DA "LIBERDADE ELEVADA" AO "EU COLETIVO"

Frequentemente associada à alegação de proteger a liberdade "verdadeira" ou "elevada" segue a afirmação de que a liberdade é necessariamente coletiva, a liberdade do coletivo contra outras coletividades e acima do indivíduo. Por essa visão, a liberdade não é realmente uma propriedade do indivíduo, mas de entidades coletivas, sejam elas a nação, o país, o povo, o Estado, a classe, a raça ou alguma outra entidade abstrata. Michael Sandel promove um tipo de coletivismo filosoficamente leve (embora a coerção seja bem real e dura quando imposta às pessoas) e sugere que, na medida em que nossas identidades são constituídas por "aspirações e atribuições" compartilhadas, "nossa autocompreensão constitutiva envolve uma dimensão mais ampla que o próprio indivíduo, seja a família, a tribo, a cidade, a classe, a nação ou o povo".[343]

O "sujeito" (ou *self*) superior venerado por esses pensadores é tratado como se dotado dos mesmos atributos de uma pessoa física, como você e eu. A liberdade do grupo, então, é entendida não como a liberdade *entre* seus membros, mas como a liberdade do grupo em si, como se ele fosse uma pessoa que tem direitos e exige respeito e autonomia – o que, decididamente, não é. Essa posição é comum entre os porta-vozes de vários governos tirânicos, que insistem que qualquer pessoa, seja um indivíduo privado "doméstico", um líder religioso global ou um "estrangeiro" que se atreva a criticar atos violentos ou coercivos daqueles governos, está, na verdade, atacando a liberdade da nação sob o controle desse governo. Assim, meramente declarar apoio aos dissidentes é sinônimo de "interferência" na soberania do país, como se as vítimas de violência, agressão, tortura ou execução não tivessem valor, e devessem ser tratadas como o meu cabelo, que corto periodicamente.

O fato é que a família, a nação, a tribo, o Estado, a firma, a associação, o clube etc. não são uma pessoa como as que os constituem; tudo isso é formado por essas pessoas e todas as suas relações complexas.[344] Na verdade, tratar um grupo como uma pessoa, seja o Estado ou um clube de xadrez, apenas nos cega para as relações complexas que caracterizam o tema central do jornalismo e da ciência política, em particular, e a busca da verdade, em geral.[345] Ofusca a questão fundamental, que é quem decide por quem.

Alguns filósofos argumentam que a liberdade individual é uma ilusão, a responsabilidade pessoal, um delírio, e o próprio indivíduo, uma ficção, a intersecção das "forças" sociais que são mais reais do que o organismo efêmero de carne e osso que chamamos de ser humano.

De fato, alguns argumentam que apenas a nação, a raça, a classe ou o Estado são reais e o verdadeiro "eu", e que o ser humano individual é menos um "eu" que a célula mais simples de um organismo. Karl Marx insistia que o homem é um "ser da espécie", isto é, que ele existe apenas como e através de uma comunidade, e que os direitos individuais subvertem a existência humana ao separar os humanos entre si. Para Marx:

> Só será plena a emancipação humana quando o homem real e individual tiver em si o cidadão abstrato; quando como homem individual, na sua vida empírica, no trabalho e nas suas relações individuais, se tiver tornado um ser genérico; e quando tiver reconhecido e organizado suas próprias forças (*forces propres*) como forças *sociais*, de maneira a nunca mais separar de si esta força social como força política.[346]

As alegações dos liberais clássicos em defesa da liberdade individual foram rejeitadas por Marx em seu famoso tratado sobre os judeus[347] como "a liberdade do homem considerado uma mônada isolada, recolhida em si própria": além disso, os argumentos liberais clássicos a favor da igualdade política foram descartados por não terem "significado político. É apenas o direito igual de liberdade como definido acima, ou seja, que todo homem é igualmente considerado uma mônada autossuficiente".[348] Não surpreende, então, que Marx exigisse que esses indivíduos fossem "liquidados":

> Por "indivíduo" você quer dizer nenhuma outra pessoa além do burguês, do que a classe média detentora de propriedade. Essa pessoa deve, de fato, ser varrida do caminho, e liquidada.[349]

Ainda nos deixa atônitos a surpresa de muitos quando os seguidores das ideias de Marx, que se autoproclamavam "marxistas", resolveram implantar essa visão no século XX, a de impossibilitar a existência do indivíduo: condenaram milhões de seres humanos a campos de trabalho forçado e "liquidaram" milhões em nome da "libertação" de um abstrato "ser da espécie".[350]

No final, todas essas teorias levam não ao surgimento de algum ser superior, chame-o de nação, povo, raça ou Estado, mas à dominação de alguns humanos de carne e osso por outros.

Martin Heidegger foi um dos filósofos mais influentes do século XX; suas ideias anti-individualistas motivaram a extrema direita, a extrema esquerda, o "islamismo"[351] radical e violento e outros movimentos coletivistas. Ao mesmo tempo, ele foi um dos filósofos menos compreendidos, já que, por um lado, foi muito eficiente em ocultar suas ideias atrás de nuvens de prosa impenetrável, e, por outro, conseguiu falsificar, após a guerra, seu histórico de apoio ao Nacional Socialismo de 1933 a 1945.[352] Décadas após a Segunda Guerra Mundial, escritores se debruçaram sobre seus escritos a respeito da "existência" ("*Dasein*" em alemão) e pensaram que Heidegger havia escrito sobre o que significava "ser" humano ou existir como humano, e que isso dava acesso à questão do ser. Na verdade, como ele deixou claro durante o período nazista, quando era livre para expressar suas ideias, *Dasein* é algo do que se pode falar apenas no coletivo "nós", e, em específico, o *Dasein* de um povo particular, o alemão. Como Heidegger declarou em suas palestras após a tomada do poder pelos nacional-socialistas:

> O povo alemão hoje atravessa um período de grandeza histórica, e todos a reconhecem. O que está acontecendo, então? O povo alemão está se conscientizando de si próprio, isto é, encontrando sua liderança. Sob essa liderança, o povo se une para criar um Estado forte.[353]

Então, ao "encontrar sua liderança", o líder ("*der Führer*") decidirá pelo povo. E, no processo, aquele *Dasein* coletivo será infundido de poder: "Apenas quando formos o que estamos destinados a ser, fundindo esse *Dasein* em nosso espírito e povo, estaremos prontos para seguir o caminho que nossa história nos aponta".[354] René Descartes, famoso por sua formulação "penso, logo existo", foi denunciado por Heidegger porque, para Descartes (nas palavras de Heidegger): "O Eu do ser humano pensante se torna o centro do que pode ser verdadeiramente conhecido pelo homem".[355] Heidegger desejava substituir o "Eu" pelo "Nós" de um coletivo. Como ele declarou em uma curiosa disciplina sobre lógica ministrada no regime nacional-socialista, que pouco tinha a ver com o normalmente entendido como lógica e muito a ver com os entusiasmados racismo e nacional-socialismo de Heidegger, "temos ... a vantagem de que a questão de quem somos *nós* é atual, ao contrário do liberalismo, do tempo do eu. Agora, é tempo do nós".[356]

O "nós" não era apenas qualquer "multidão sem nome" ou "massa revoltosa", mas sim o *Volk* [povo]. Para Heidegger (e para Marx), o *Dasein* não era a existência de um indivíduo "isolado" ou "desesperado", nem o conjunto deles, mas sim um coletivo consciente de si próprio: no caso de Marx, a classe e o Estado; no caso de Heidegger, o povo (*Volk*) e o Estado. "Fica claro por que o caráter do eu não consiste na reflexividade do eu, do sujeito; é precisamente a substituição da individualidade e da subjetividade pela temporalidade que afasta o *Dasein* do ser humano, substituindo-o pelo ser coletivo."[357] Toda a apresentação se baseia em *non sequiturs*, linguagem opaca, saltos injustificados de inferência (frequentemente justificados pelo fato de as palavras soarem parecidas) e outros estratagemas, mas Heidegger a considerou uma de suas obras mais importantes, embora publicada apenas muitos anos depois de sua morte, conforme suas convicções explicitamente nazistas começavam a reaparecer dos arquivos.

Heidegger preparou o terreno para a rejeição da liberdade e da responsabilidade individuais entre intelectuais da extrema "esquerda" e da extrema "direita" (que têm mais em comum do que sugere o espectro "esquerda-direita") nas décadas recentes ao insistir que um *Nós* deveria ocupar posição central. Para ele, era o *Nós* do povo alemão, por sua missão histórica. Ao promover o conceito de "autenticidade" como teste da verdadeira existência, Heidegger abre caminho para uma ampla gama de movimentos anti-individualistas: nacionalismo, racismo, socialismo, etnicismo e até mesmo o "politicamente correto". Outros apenas substituíram o povo alemão por outras coletividades, de forma consistente com o polilogismo de Heidegger (a ideia de que existem verdades diferentes para grupos diferentes) e a rejeição de verdades universais.[358] Em cada caso, diz-se que a existência autêntica é coletiva, diferente do simples "eu" na companhia de outros indivíduos que caracteriza o liberalismo clássico. O coletivismo metafísico, a afirmação de que a própria existência é inerentemente coletiva, foi prontamente adotado por violentos extremistas anti-individualistas de direita e de esquerda, ambos garantindo que a submissão ideológica do indivíduo ao coletivo representa a adoção de um *Dasein* "autêntico" e unidos em sua rejeição da ideia de liberdade e responsabilidade individuais. É claro, a absorção do indivíduo pelo "Nós" sempre implica a submissão de alguns indivíduos, quase sempre a maioria, a outros indivíduos, quase sempre uma minoria pequena e bem organizada que tomou o poder para si em nome do coletivo. (Este é um dos *insights* de Orwell em *1984*: a doutrina do "coletivismo oligárquico" se refere precisamente a essa inevitabilidade.)

O coletivismo invariavelmente destrói tanto a liberdade como a responsabilidade. A liberdade do indivíduo é destruída pela coerção e violência e, junto com ela, sua responsabilidade. O povo, a raça, o partido, a comunidade, as massas, a nação ou alguma outra entidade coletiva torna-se o agente da ação. Transferir a liberdade e a responsabilidade do indivíduo para alguma entidade supostamente superior ou elevada simplesmente as faz desaparecer. O romancista alemão Robert Musil refletiu sobre a ideia de "nação" em seu ensaio "The 'Nation' as Ideal and as Reality", escrito pouco depois do assassinato de quase 17 milhões de pessoas na Primeira Guerra Mundial. Os vencedores tinham culpado a "Alemanha" pela guerra. Musil questionou quem havia sido responsável pelos horrores da guerra.

> Como é falsa a desculpa infantil que, infelizmente, ouvimos com frequência na Alemanha: "Não fizemos isso! O imperador, os generais, os diplomatas que o fizeram!". É claro que nós fizemos: permitimos que acontecesse, sem nem tentarmos interferir. Aqui, como em outros países. Como é falsa também outra desculpa popular: "Simplesmente não fomos firmes o bastante, nos deixamos enganar". ... O indivíduo ... simplesmente se mostrou incapaz de qualquer coisa e permitiu que tudo ocorresse. Sob a ilusão de seu próprio livre-arbítrio, preferiu não exercê-lo. Nós fizemos isso, eles fizeram isso; ou seja, ninguém fez, só aconteceu.[359]

O coletivismo representa a forma mais extrema de negação tanto da liberdade como da responsabilidade. De fato, os coletivistas insistem que a verdadeira liberdade consiste no abandono da responsabilidade individual e na submissão ao Estado. Para Heidegger, implicava que: "Liberdade não é a independência de fazer e deixar fazer, mas levar consigo a inevitabilidade do ser, assumindo o controle do ser histórico em sua vontade de conhecimento, transformando a inevitabilidade do ser na dominância da ordem estruturada de um povo. Preocupar-se com a liberdade do ser histórico em si fortifica o poder do Estado como agente principal de uma missão histórica".[360] Conforme Musil, um crítico liberal clássico do coletivismo emergente: nas ordens coletivistas, o ser humano independente é absolvido de responsabilidade, pois ninguém realmente age ou é responsável por seus crimes; eles "são cometidos". Essa é a conclusão de todas as formas de coletivismo. E quando seus regimes entram em colapso, os líderes que exerceram o poder em nome do coletivo fazem tudo que podem para evitar qualquer responsabilização pessoal por seus crimes. Eles "aconteceram", o que significa que ninguém é responsabilizado por nada.

É claro, indivíduos agem em coordenação entre si para atingir metas coletivas, sejam boas, ruins ou indiferentes. Falamos de grupos "agindo", sejam eles clubes de xadrez, sociedades de ajuda mútua, cooperativas, firmas, parlamentos, universidades ou Estados. Mas, embora seja importante falar da ação dos grupos, eles não são indivíduos da mesma forma que os membros que os compõem. Nem são formas mais elevadas de consciência; no máximo, eles podem representar uma degradação da consciência humana, como destacado por Musil; normalmente, é por meio deles que as pessoas *se eximem* de sua própria liberdade e responsabilidade.

A responsabilidade por ações sempre é dos seres humanos que pensam, deliberam, planejam, falam, mudam e agem. O ser humano individual é o lócus da ação moral; o grupo é a rede pela qual ela pode ser exercida: porém, se mal-entendido, torna-se um buraco negro que a dispersa, nega e silencia.

Com exceção das histórias de ficção científica, casos específicos de múltiplas personalidades, experimentos mentais hipotéticos sobre filosofia, danos cerebrais ou outros problemas médicos, cada um de nós é vinculado a um corpo materialmente individuado. É através dele que (i) interagimos com os objetos materiais deste mundo, e (ii) aprendemos a distinguir o que somos e o que não somos. Thomas Hodgskin, jornalista, pacifista e um defensor do livre mercado que escrevia para *The Economist*, alicerçou a identidade pessoal no fato de que o corpo do indivíduo pertence a ele próprio:

> O sr. Locke diz que todo homem tem propriedade sobre sua própria pessoa; na verdade, a individualidade – que é indicada pela palavra *própria* – não pode ser dissociada da pessoa. Cada indivíduo percebe sua própria forma, e mesmo a existência de seu corpo e de seus

membros, ao vê-los e senti-los. Esses constituem sua noção de identidade *pessoal*, tanto para si como para os outros; é impossível conceber – e, na verdade, contraditório dizer – que seu corpo e seus membros não lhe pertençam, pois as palavras "dele", "ego" e "seu corpo" caracterizam a mesma coisa material.

Assim que percebemos a existência de nossos próprios corpos ao vê-los e senti-los, e vemos e sentimos os corpos dos outros, temos motivos similares tanto para acreditar na identidade dos outros como para acreditar na nossa. As ideias expressadas pelas palavras "minha" e "tua", quando aplicadas ao produto do trabalho, simbolizam uma extensão das ideias de identidade pessoal e individualidade.[361]

O ser humano individual, corpo orgânico dotado de vida, é a base natural da responsabilidade e liberdade. Mesmo se eu pudesse ou devesse me "identificar" com algum grupo, não poderia me "identificar" com os outros membros da mesma maneira como me identifico comigo mesmo, pois não posso sentir, perceber ou controlar os movimentos dos corpos dos outros como controlo os movimentos de meu corpo. Tenho controle e propriedade sobre meu corpo como jamais terei sobre o corpo do outro. (Alguém é livre para especular sobre inteligências artificiais que podem ser o lócus de liberdade e responsabilidade, seres alienígenas com identidades coletivas etc., mas agentes incorporados são tudo que existe até então).

A "autoatribuição corporal" tem a grande vantagem de "ser imune a erro por má identificação".[362] Como nota Gareth Evans:

> Temos o que pode ser descrito como a capacidade geral para perceber nossos próprios corpos, embora ela possa ser dividida em várias capacidades distintas: ... Cada um dos modos de percepção parecem dar origem a julgamentos totalmente imunes a erro por má identificação. Nenhuma das manifestações seguintes parece fazer sentido quando o primeiro componente expressa conhecimento obtido da forma apropriada: "As pernas de alguém estão cruzadas, mas são as minhas pernas que estão cruzadas?"; "Alguém está suado, mas esse alguém sou eu?"; "Alguém está sendo empurrado, mas esse alguém sou eu?" Parece simplesmente não haver uma lacuna entre o sujeito que detém a informação (ou parece ter a informação), da forma apropriada, cuja propriedade de ser F é instanciada, e o fato de ele

ter a informação (ou parecer ter a informação) de que *ele* é *F*; ele ter (ou parecer ter) a informação de que a propriedade é instanciada só é possível porque lhe parece que *ele* é *F*.[363]

Epiteto considerava tal autoatribuição corporal o tipo mais certo de conhecimento. Em sua resposta ao ceticismo dos pirronistas e aos filósofos da Academia, ele argumentou: "De que você e eu não somos a mesma pessoa estou ciente. De onde retiro tal conhecimento? Quando quero engolir um pedaço de carne, nunca o levo a sua boca, mas a minha".[364]

Cada pessoa é identificada com um único corpo, distinto de todos os outros no tempo e espaço. Cada pessoa é a fonte ou o princípio de movimento de um corpo. Cada corpo oferece a demarcação de uma esfera de "propriedade". Os valores que alguém age para obter ou manter são os valores de agentes materialmente individuados; podem até ser defendidos em comum pelos outros, mas são "relativos ao agente". Cada pessoa é responsável por ações em casos em que ela "poderia ter agido de outra forma". Cada pessoa é responsável pelos atos de seu próprio corpo, mas não (com exceção de casos específicos, como a proteção de menores e de mentalmente deficientes) pelos atos dos corpos dos outros, pois esses são responsabilidade de outros agentes, isto é, daqueles cujas esferas de "propriedade" são definidas por aqueles corpos.[365]

Em última instância, responsabilidade e liberdade estão interligadas no lócus da ação humana, o ser humano individual. Tentativas de desfazer a conexão entre liberdade e responsabilidade fracassaram, enquanto filósofos que concedem atributos míticos a coletivos já tiveram sucesso político suficiente para causar grandes danos a indivíduos e relações sociais no mundo real. Os primeiros foram assassinados às centenas de milhões no último século, ao passo que os últimos foram suprimidos, perturbados e geralmente substituídos por Estados organizados cujos propagandistas afirmam nos representar. Um mundo de indivíduos livres e responsáveis cooperando de forma voluntária é uma alternativa muito melhor ao sofrimento e à atomização social criada pelo controle estatal.

11
MELHORANDO O SEU PRÓPRIO AUTOCONTROLE

Por Tom G. Palmer

"Existe algo magnífico acerca do autocontrole que resulta em um agente funcional independente, responsável e perseverante. A pessoa motivada que não aceita e nem precisa das ordens dos outros se aproxima do melhor que a raça humana já produziu. Em tal indivíduo, os hábitos de independência são fundidos com um profundo respeito pela independência dos outros. A tendência a deixar os outros em paz não é arraigada na indiferença pelo destino dos outros, mas na convicção de que, sob circunstâncias normais, podemos beneficiá-los mais ao permitir que persigam seus próprios fins, sem interferência". [366]

JOHN LACHS, *Centennial Professor of Philosophy, Universidade Vanderbilt*

"Pessoas e sociedades podem cultivar a faculdade do autocontrole com o tempo e, consequentemente, reduzir suas taxas de violência".[367]

STEVEN PINKER, *Johnstone Family Professor of Psychology, Universidade Harvard*

"O homem deseja liberdade para se tornar o homem que deseja ser. Ele o faz precisamente por não saber que homem desejará se tornar no futuro. Removamos de uma vez todas as defesas instrumentais de liberdade, as únicas que derivam da análise econômica ortodoxa. O homem não quer liberdade para maximizar sua utilidade, ou a da sociedade de que faz parte. Ele quer liberdade para se tornar o homem que deseja se tornar".[368]

JAMES BUCHANAN, *Prêmio Nobel de Economia*

QUAIS SÃO AS IMPLICAÇÕES PRÁTICAS DA ADOÇÃO DE

liberdade e responsabilidade sobre a conduta individual? Como alguém pode aumentar seu autocontrole, maximizando sua liberdade e responsabilidade? Pesquisas estão fornecendo não só respostas científicas, mas também sugerindo técnicas para atingir maior autocontrole, sucesso e felicidade. Segue abaixo um guia com algumas técnicas com tal propósito.

O autocontrole é possível. Não é algo que alguns têm e outros não. Ele pode ser aumentado e transformado na base de uma vida de liberdade, compaixão, realização, respeito próprio e felicidade em comunidade com os outros. Para quem lamenta que somos o que somos e não podemos mudar, há boas notícias. Somos livres para mudar a nós mesmos, substituir hábitos prejudiciais por atos benéficos, realizar nossos propósitos, ser menos violentos e mais respeitosos com os outros, tornando-nos as pessoas que desejamos ser. Podemos ser mais compassivos, além de melhorar nossas vidas e as dos outros. E há uma luz no fim do túnel: melhorar o autocontrole e crescer espiritualmente são coisas possíveis não só para jovens, mas também para adultos.

No entanto, antes de analisar como podemos melhorar nosso autocontrole, talvez valha a pena acabar com alguns mitos populares a respeito de seu significado. Depois disso, poderemos analisar a crescente ciência do autocontrole (às vezes, chamada de "força de vontade") e tirar algumas lições práticas úteis para aperfeiçoar nosso autocontrole, iluminar nossos interesses e garantir nossa liberdade.

Para alguns, o termo "autocontrole" evoca a imagem de uma pessoa implacável desprezando tentações, talvez com uma gota de suor correndo no rosto e mãos trêmulas por debaixo da mesa, ou de um herói incrivelmente corajoso que se recusa a trair a resistência – ou mesmo a gritar de dor – enquanto aguenta as piores torturas. Essas imagens estão equivocadas. Exceto em circunstâncias muito incomuns (e nos filmes), o autocontrole não implica uma vontade férrea, nem envolve dor e sofrimento. Tampouco significa ser "bruto" ou friamente lógico, desprovido de emoções. É ter consciência do que você quer realizar e como seus objetivos se encaixam entre si. É adquirir, às vezes lentamente, ao longo de muito tempo, os hábitos que conduzem a isso. É ter consciência de quem o rodeia e dos interesses, percepções e direitos deles. Pessoas que exercem o autocontrole conseguem evitar tentações sem tremer ou suar.

A reflexão sobre o autocontrole é uma prática bem antiga, encontrada em muitas tradições filosóficas e religiosas. Há muito se sabe que, com esforço, podemos nos tornar as pessoas que desejamos ser, desde que ajamos como deveríamos. Aristóteles notou que a palavra "ética", que se originou na Grécia antiga e é utilizada até hoje, deriva de θος, ou hábito. Ele contrastou "as coisas que estão em nossa natureza", como as faculdades da visão e audição, que usamos porque temos, com as virtudes, que temos porque usamos: "As virtudes que desenvolvemos primeiro ao agir, como no caso das artes. Pois as coisas que precisamos aprender como fazer, aprendemos fazendo – por exemplo, ao construir casas, as pessoas se tornam construtoras, e ao tocar a cítara, se tornam instrumentistas. Assim, ao fazer coisas justas, nos tornamos justos; coisas moderadas, moderados; e coisas corajosas, corajosos".[369]

O hábito de fazer a coisa certa permite que nos tornemos as pessoas que desejamos ser. No final das contas, é impossível eliminar os hábitos que já temos, pois já se integraram nas estruturas físicas de nossos cérebros. No entanto, mesmo que não possamos eliminar nossos hábitos ruins, podemos substituí-los por outros melhores.[370] A neurociência moderna explica melhor do que Aristóteles como os hábitos se incorporam nas estruturas de nossos cérebros. O termo moderno para a capacidade de mudança é "neuroplasticidade", e se refere às formas como é possível alterarmos as estruturas cerebrais que subjazem a nossos hábitos, personalidades e percepções. A boa notícia é que podemos alterar o substrato físico de nosso ser através de nossas ações. O substrato material de nosso ser estabelece limites sobre o que podemos fazer, mas essa materialidade não elimina nossa liberdade. Temos a liberdade metafísica para moldar nossas próprias vidas, tornando-nos o que desejamos nos tornar, mas isso exige trabalho e esforço. Maior autocontrole permite não apenas aperfeiçoar nossas vidas como também lutar por nossa liberdade como iguais perante a lei em sociedades livres. Maior autocontrole é algo que adquirimos, que pode ser integrado em nossas vidas e, mais importante, algo que podemos aprender.

- Aprender a tomar decisões melhores nos ajuda a evitar o fracasso e garantir nossa independência;

- Aprender a ter atenção pelos interesses dos outros nos ajuda a cooperar voluntariamente em benefício de nós mesmos, nossas famílias e comunidades, e toda a humanidade;

- Aprender a poupar mais para o futuro nos ajuda a evitar a dependência do Estado de bem-estar social;

- Aprender a considerar os direitos dos outros, incluindo pessoas com valores ou estilos de vida muito diferentes, nos ajuda a respeitá-las e, com elas, garantir liberdade mútua;

- Aprender a controlar nossos impulsos nos ajuda a atingir nossos propósitos mais profundos e racionais e a ter vidas de significado e dignidade;

- Aprender a planejar e guiar nossas próprias vidas nos ajuda a enfrentar o Estado de bem-estar social e suas proibições, seus controles e ditames comportamentais;

- Aprender a estar conscientes de nossa própria dignidade nos ajuda a recusar resgates financeiros ou subsídios extraídos à força dos outros, a rejeitar a mentalidade de *rent-seeking*, ou "roube antes de ser roubado", e a nos mantermos cidadãos livres de países livres.

- Aprender a melhorar nosso autocontrole nos ajuda não apenas a viver, mas a deixar viver.

Alcançar maior autocontrole nos ajuda a afirmar nossa liberdade, deixando claro a políticos e burocratas que podemos fazer nossas próprias escolhas, recuperando tanto nossa liberdade como nossa responsabilidade.

Seja livre!

SOBRE O EDITOR

Tom G. Palmer é vice-presidente executivo de programas internacionais da Atlas Network. Supervisiona uma rede global de mais de 450 *think tanks* e institutos de pesquisa que promovem os princípios do liberalismo clássico. Ele é membro sênior do Cato Institute, onde foi vice-presidente de programas internacionais e diretor do Center for the Promotion of Human Rights.

Palmer foi membro do Hertford College, Universidade de Oxford, e vice-presidente do Institute for Humane Studies na Universidade George Mason; e é membro do conselho de assessores do Students for Liberty, diretor do Institute of Economic Studies, Europa, e membro da Mont Pelerin Society, sociedade internacional de pensadores liberais clássicos fundada por F. A. Hayek após a Segunda Guerra Mundial. Publicou diversas resenhas e artigos em periódicos acadêmicos e também em publicações como *Slate, Wall Street Journal, New York Daily News, New York Times, Die Welt, Al Hayat, Caixing, Washington Post* e *The Spectator* de Londres.

Obteve seu mestrado em Artes Liberais na St. Johns College em Annapolis, Maryland; seu mestrado em Filosofia na Universidade Católica da América em Washington, DC; e seu doutorado em Política na Universidade Oxford. Seu trabalho de conclusão foi publicado em livros das editoras Princeton University Press, Cambridge University Press, Routledge, e outros periódicos acadêmicos. É autor de *Realizing Freedom: Libertarian Theory, History, and Practice* (edição ampliada publicada em 2014) e editor e colaborador de vários livros, como *The Morality of Capitalism* (2011), *After the Welfare State* (2012), *Why Liberty* (2013) e *Peace, Love, and Liberty* (2014).

REFERÊNCIAS

Aponte o celular para o QR code abaixo para ter acesso às referências ou acesse nosso site: WWW.FAROEDITORIAL.COM.BR

ASSINE NOSSA NEWSLETTER E RECEBA
INFORMAÇÕES DE TODOS OS LANÇAMENTOS

www.faroeditorial.com.br

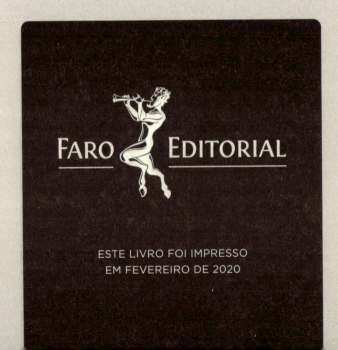

todavia   \C ItaúCultural